U0154916

洪培生 摄

章太炎讲述系列

章太炎讲佛学

孟琢　杨文渊——编

上海人民出版社

目录

导　言

清末以来，佛学传统为中国近代思想家改造社会弊端、回应时代挑战提供了重要的思想资源。尽管佛教作为一种宗教形态，与虔诚的信仰、超世的解脱、不可思议的神通密不可分，但自近代以来，它着实呈现出一种"公共性"的历史面目，通过不同方式的拣择、判摄与阐释，融入了中国历史上天翻地覆的大变局。正如梁启超在《清代学术概论》中所言，"晚清所谓新学家者，殆无一不与佛学有关系"。①在康有为、梁启超、谭嗣同等人的思想体系中，都有着深刻的佛学印记。他们吸收、激活了法相宗、华严宗、法华宗等不同宗派的传统，加以极具创造性的新阐释，构建起各具特点的思想体系。其中，太炎先生的佛学思考与现实回应尤当注意。无论是佛学思想的深刻性、经论阐释的独创性，还是贯通佛学与庄学的思想力度、将佛学与中国革命紧密结合的现实关切，都体现出超迈时人的哲学品质与历史意义。

纵观章太炎的学术生涯，他与佛学的渊源经历了四个阶段：在他的青年时期，在夏曾佑、宋恕等人的建议下，阅读了《法华》《华严》《涅槃》《中论》《十二门论》等经典，但并未产生太大兴趣。在《訄书》的早期版本中，他对佛教消极遁世的一面不无微词。章太炎佛学观的转折发生在1903年，那一年他36岁，因"《苏报》案"而入狱

---

① 梁启超：《清代学术概论》，上海古籍出版社1998年版，第99页。

三年。在艰难的牢狱生活中，他无书可读，遂"专修慈氏世亲之书"①，研读《瑜伽师地论》《因明论》《唯识论》等唯识学典籍。困厄之中，他对佛学的态度发生了根本变化，不但从中汲取勇猛无畏的精神力量作为思想支撑，更将佛学与中国学术加以贯通，探寻中国革命根本性的哲学依据。1906 年，章太炎出狱东渡日本，在著名的"在东京留学生欢迎会上之演讲"中，他大声疾呼，发出了"用宗教发起信心，增进国民的道德"的革命呐喊。②在日本时，他担任同盟会机关报《民报》的主笔，撰写了《建立宗教论》《人无我论》《无神论》《答铁铮》《四惑论》《五无论》《俱分进化论》等一系列重要文章，将佛学引入到中国革命的时代话题之中。与此同时，他也撰写了《大乘佛教缘起考》《大乘起信论辩》等佛学文章。在 1908 年到 1911 年之间，他创作完成了"一字千金"的《齐物论释》，将唯识学、华严学与庄子哲学融会贯通，构建起以"自在平等"为核心的齐物哲学，这是他佛学思想的高峰之处。辛亥革命之后，随着人生际遇的再度转折，章太炎的佛学思想不断深入。1913 年至 1916 年，他被袁世凯幽禁于北京龙泉寺，随时面对死亡威胁。在极度的愤懑之中，章太炎再次通过研读佛经来寻求精神解脱。他反复研读《瑜伽师地论》等唯识学经典，由吴承仕笔录而成《菿汉微言》一书，提出了"尽忠恕者，是唯庄生能之"的观点③，将佛学、庄学与《论语》熔为一炉。

---

①　章太炎：《章太炎全集（七）·菿汉微言》，上海人民出版社 2018 年版，第 69 页。

②　章太炎：《章太炎全集（十四）·演讲集（上）》，上海人民出版社 2018 年版，第 4 页。

③　章太炎：《章太炎全集（七）·菿汉微言》，上海人民出版社 2018 年版，第 31 页。

也正是在困厄之际，他对《齐物论释》进行大幅度的修改与补充，完成了《齐物论释》定本的写作，这是他佛学思想最严密的形态。到了晚年，章太炎对佛学的兴趣依然未改，但更多由思想建构转为学术研究，除《菿汉昌言》等已见著作之外，根据章念驰先生的回忆，还有大批佛学的未刊稿，惜多已流散。

章太炎的佛学功底深厚，对大小二乘乃至印度六派的经论广泛涉猎。以《齐物论释》为例，其中主要征引大乘唯识、华严二宗的佛典，并深受《大乘起信论》的影响，同时吸收了小乘上座部、说一切有部之论，兼及六派外道数论、胜论之说。共计：1.般若部类：《大般若经》；2.华严部类：《华严经》及相关注疏；3.宝积部类：《胜鬘经》；4.涅槃部类：《大般涅槃经》；5.大集部类：《十轮经》；6.经集部类：《圆觉经》《密严经》《楞伽经》《解深密经》；7.毗昙部类：《大毗婆沙论》《俱舍论》；8.中观部类：《十二门论》；9.瑜伽部类：《摄大乘论》《瑜伽师地论》《成唯识论》及相关注疏；10.论集部类：《大乘起信论》《因明入正理论》《十地经论》等。在广征博引的同时，章太炎的佛学并非"原教旨主义"的固守教义，亦非"历史主义"的辨伪证史，而是以哲学体系的建构与革命事业的关切为双重旨趣，体现出赅括真俗的宏阔气象。可以说，章太炎佛学思想的特色是极为鲜明的，体现为以下三个方面：

其一，文化的自主性。章太炎的佛学研究，旨在参与建构东方文化本位的哲学体系。在西方文化的强势影响下，如何对中国文化进行深刻反思与全面重建，让它能够回应"三千年未有之大变局"的时代挑战，避免民族文化的崩坏与虚无，这是章太炎学术思想的核心关切。在他看来，中国思想学术具有诸多弊端，学理汗漫、逻辑不足、

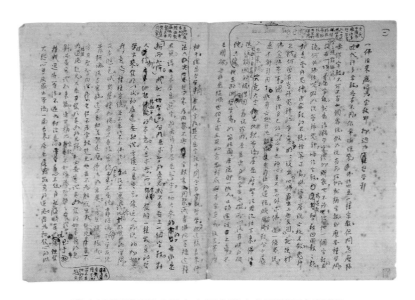

章太炎佛学手稿（日本京都大学人文科学研究所藏）

缺乏征信、用文学感受代替逻辑证实，凡此种种，不一而足。因此，它需要进行"条理化"的积极改造。章太炎在《答铁铮》中指出："盖近代学术，渐趋实事求是之涂，自汉学诸公分条析理，远非明儒所能企及。逮科学萌芽，而用心益复缜密矣。是故法相之学，于明代则不宜，于近代则甚适，由学术所趋然也。"①在章太炎眼中，东方文化具有内在的互补性，正可解决汗漫诸弊。自印度而言，"印度人思想精严，通大乘的，没有不通小乘；解佛法的，没有不晓因明，所以论证多有根据，也没有离了俗谛空说真谛的病"。唯识学运用因明而

---

①　章太炎：《章太炎全集（八）·太炎文录初编》，上海人民出版社 2018 年版，第 387 页。

建立起的严密博大的佛学体系，彰显了"分条析理"的学术特点，适宜于中国传统学术的自我改造。自中国本土而言，"有一端长处，也是印度人所不能想到的，就像《华严经》有'性起品'。华严宗取到'性起'两个字……一句话就把许多疑团破了"。在拣择了唯识与华严的长处后，章太炎总结道："只要各取所长，互相补助，自然成一种圆满无缺的哲理。"由此可见，他并不据守于小始终顿圆等宗法判教，而是广泛吸取了东方思想文化的宝贵价值。以印度唯识之精严，契入中土华严之阔通，正是他遍摄真俗二谛的"通方之论"。通过章太炎对于唯识与华严的剖判可以看到，他一方面试图弥补纠正中国传统思想学术的不足与弊端，另一方面更对中国哲学的重新建构具有一种整体性的野心，期待建立能够统摄历史上不同阶段、不同学派的思想形态的理论体系。这种体系性的哲学重建并非易事，它需要引入极具统摄力的理论资源，对已往的思想传统进行再度判摄。对章太炎而言，佛学正是这样的思想资源：一方面，佛学的理论体系庞大缜密，足以实现对儒家、道家、理学、心学等思想传统的统摄；一方面，佛学属于"东方"，"中国化"的佛学与中国文化的思想资源之间具有密不可分的亲缘性关系，可以避免方凿圆枘、以西律中的强制之弊，并与强势的西方文化形成角力之势。章太炎对于印度文化始终抱有亲近与悲悯之意，与东方文化的本位态度亦密不可分。在《菿汉微言》中，他充满自信地说：

> 余自志学迄今，更事既多，观其会通，时有新意。凡古今政俗之消息，社会都野之情状，华梵圣哲之义谛，东西学人之所说，拘者执着而鲜通，短者执中而居间，卒之鲁莽灭裂，而调和之效终未可观。譬彼侏儒，解遘于两大之间，无术甚矣。余则操

> 齐物以解纷，明天倪以为量，割制大理，莫不孙顺。秦汉以来，
> 依违于彼是之间，局促于一曲之内，盖未尝睹是也。①

尽管在章太炎的思想中，真俗、古今、东西、政俗、文野等多维度的思想资源交织碰撞，呈现出多元、丰富甚至矛盾的面貌，但在他自己看来，一切矛盾都能在齐物哲学中调和无碍，这种不同思想传统之间的整合与统摄，与对佛学的吸收借鉴密不可分。"余向以三性、三无性，抉择东西玄学"②，在思想统摄的同时，章太炎的佛学也意味着对西方哲学的批判性回应——无论是用"俱分进化论"回应进化论的思潮，还是用唯识学中的"心不相应行法"与康德哲学中的"十二范畴"相颉颃，抑或是齐物哲学对黑格尔哲学的深入批评，都体现出章太炎立足东方文化传统，强调中国文化的自信与自主，回应西方文化强势影响的基本立场。

其二，思想的革命性。会通真俗是章太炎思想的基本特点，他的佛学思想不仅指向中国文化的自信自主，更与对中国革命的关切与实践息息相关，体现为革命道德与平等理念两个基本层面。章太炎认为，革命道德的高扬是革命成功的根本原因，这就要吸取佛学中勇猛无畏、无私奉献的精神，以"无我"的宗教热情，投身到舍生忘死的革命事业之中。"要有这种信仰，才得勇猛无畏，众志成城，方可干得事来"③，"排除生死，旁若无人，布衣麻鞋，径行独往，上无政党

---

① 章太炎：《章太炎全集（七）·菿汉微言》，上海人民出版社 2018 年版，第 69 页。

② 章太炎：《章太炎全集（八）·太炎文录初编》，上海人民出版社 2018 年版，第 518 页。

③ 章太炎：《章太炎全集（十四）·演讲集（上）》，上海人民出版社 2018 年版，第 6 页。

猥贱之操，下作愞夫奋矜之气，以此褐橥，庶于中国前途有益。"①章太炎在《民报》中发表大量佛学文章，也曾有人提出质疑，认为《民报》当作"民声"，不当作"佛声"。他在《答梦庵》中回应道：

> 《民报》所谓六条主义者，能使其主义自行耶？抑待人而行之耶？待人而行，则怯懦者不足践此主义，浮华者不足践此主义，猥贱者不足践此主义，诈伪者不足践此主义。以勇猛无畏治怯懦心，以头陀净行治浮华心，以惟我独尊治猥贱心，以力戒诳语治诈伪心。此数者，其他宗教伦理之言，亦能得其一二，而与震旦习俗相宜者，厥惟佛教。②

在他看来，"民声"与"佛声"别无二致，只有用"佛声"涤荡精神、树立道德，才能勇猛革命、打破专制，让"民声"得到充分表达。在章太炎的革命生涯中，他始终践行"苦行头陀"的道德标准，"寓庐至数月不举火，日以百钱市麦饼以自度，衣被三年不浣"③，在艰难困苦中不改其志、不易其操，无愧为鲁迅所称的"先哲的精神，后生的楷范"。④此外，自由平等更是齐物哲学所要建立的现代价值，这也是章太炎投身革命的愿心所在。在中国近代的历史转折中，如何建立根本性的价值基础？这是齐物哲学努力要解答的问题。章太炎的回答是铿锵有力的——自由平等！在《齐物论释序》中，他开宗明义地

---

① 章太炎：《章太炎全集（八）·太炎文录初编》，上海人民出版社 2018 年版，第 393 页。

② 章太炎：《章太炎政论选集（上）》，中华书局 1977 年版，第 395 页。

③ 陈平原、杜玲玲编：《追忆章太炎》，生活·读书·新知三联书店 2009 年版，第 27 页。

④ 鲁迅：《鲁迅全集（六）·且介亭杂文末编》，人民文学出版社 2005 年版，第 567 页。

《民报》，是 1905 年由同盟会所创的大型政论时事机关刊物。 1906 年 7 月
至 1908 年 10 月，章太炎担任《民报》主编期间，发表了不少政论文章，并
讨论国粹及宗教

将"自在平等"立为全书主旨，其后更多次强调庄子的根本主张是
"自由平等"，把"令一切得自由平等"作为终极的政治理想。值得注
意的是，章太炎对"自由平等"的建立以一种哲学的方式得以展开，
他将佛学与庄学融通为一，根据唯识学、华严学中"无情有性"的理
论，在形而上学的意义上为自由平等建立义理根基。正因如此，其宗
教思想也以破除迷信、排遣神灵、否定主宰为第一要义。他在《无神
论》中反复论证，认为上帝、耶和华不是"无始无终，全知全能，绝
对无二，无所不备"的"众生之父"[1]，在行文之际嬉笑怒骂，令人
神旺。这种打破主宰、建立平等的宗教观，与中国革命的价值追求也

---

① 　章太炎：《章太炎全集（八）·太炎文录初编》，上海人民出版社 2018 年版，
第 415 页。

是充分相契的。

其三，义理的创造性。章太炎的佛学不是"原教旨主义"的信仰之学，也不是以"还原"为唯一目的的书斋之学，而是在哲学建构与革命关切的推动下，体现出鲜明的创造性。以"无情有性"为例，这本是天台、华严、禅宗的共同主张，章太炎则首次用唯识的逻辑证成了这一道理。在《大乘起信论》中，精神活动分为三细、六粗两类，"三细"为阿赖耶识初起之相，即业识、转识、现识；"六粗"为意识心的活动生灭之相，即智相、相续相、执取相、计名字相、起业相、业系苦相。"三细"是无明初起到能所分别的微细精神过程，它处在能所对待之先，亦即依境界相而有意识思维之先。能所无别则心物无分，故"三细"是一种作为前意识的、兼存于有情、无情众生的精神共相。在章太炎看来，《大乘起信论》认为三细"与心不相应"，正在于它能够"兼无情之物"。此外，黄金的物理特点亦可反推"三细"的精神本质。"金有重性能引，此即业识；能触他物，此即转识；或和或距，此即现识。是故金亦有识，诸无生者皆尔，但以智识分别不现，随俗说为无生。"①黄金因重量吸引他物，能引则有动，故为业识；可与他物相触，因触而有物境，故为转识、现识。由此可知，以黄金为代表的无情之物具足"三细"初相，根据《起信论》"觉迷相依"之理，也便具足了阿赖耶识之体。这一观点虽与经典唯识学不同，但通过章太炎的论证，真如心体具有了彻底的普遍性，也就建立起囊括一切心物存在的真谛平等。除此之外，在他对唯识三性的界定、对"心不相应行法"的阐发中，都体现出意旨丰富的创造性。一

---

① 孟琢：《齐物论释疏证》，上海人民出版社 2019 年版，第 245 页。

些学者根据佛教义理，简单地批评章太炎错解经典、不通佛法，这实在是小觑这位深思明辨、勇猛无前的大思想家了。

　　章太炎的佛学思想意旨深刻、独具特色，但也具有相当的解读难度。本书选取了他在不同时期的佛学演讲，由于面对大众，其内容相对浅显易懂，可以先行阅读。其后可以阅读《俱分进化论》《无神论》《建立宗教论》《人无我论》等创作于《民报》时期的重要论文，体会他将佛学与革命相结合的思想特色。至于《国故论衡》《菿汉微言》等专业的佛学论著，可以最后阅读，从而进一步了解他的佛学研究。

孟　琢

北京师范大学民俗典籍文字研究中心、

中国文字整理与规范研究中心

论佛法与宗教、哲学及现实之关系

　　近代许多宗教，各有不同。依常论说来，佛法也是一种宗教。但问怎么样唤作宗教，不可不有个界说。假如说有所信仰，就称宗教，那么各种学问，除了怀疑论以外，没有一项不是宗教。就是法理学家信仰国家，也不得不给他一个宗教的名字，何但佛法呢？假如说崇拜鬼神，唤作宗教，像道教、基督教、回回教之类，都是崇拜鬼神，用宗教的名号，恰算正当。佛法中原说"六亲不敬，鬼神不礼"，何曾有崇拜鬼神的事实？明明说出"心、佛、众生，三无差别"，就便礼佛念佛等事，总是礼自己的心，念自己的心，并不在心外求佛。这一条界说，是不能引用了。惟有六趣升沉的道理，颇有宗教分子羼入在里头。究竟天宫地狱等语，原是《摩拿法典》流传下来。佛法既然离了常见、断见，说明轮回的理，借用旧说证明，原是与自己宗旨无碍，所以没有明白破他。只像古代中国、希腊许多哲学家，孔子也不打破鬼，琐格拉底、柏拉图也不打破神。现在欧洲几个哲学家，如笛伕尔、康德那一班人，口头还说上帝，不去明破，无非是随顺世俗，不求立异的意思。到底与本宗真义，没有甚么相干，总是哲学中间兼存宗教，并不是宗教中间含有哲学。照这样看来，佛法只与哲学家为同聚，不与宗教家为同聚。在他印度本土，与胜论、数论为同聚，不与梵教为同类。试看佛陀菩提这种名号，译来原是"觉"字，般若译来原是"智"字。一切大乘的目的，无非是"断所知障""成就一切

琐格拉底，即苏格拉底，古希腊哲学家，与其追随者柏拉图及柏拉图的学生亚里士多德被并称为"希腊三贤"。他被认为是西方哲学的奠基者

智者"，分明是求智的意思，断不是要立一个宗教，劝人信仰。细想释迦牟尼的本意，只是求智，所以发明一种最高的哲理出来。发明以后，到底还要亲证，方才不是空言。像近人所说的物如、大我、意志，种种高谈，并不是比不上佛法，只为没有实证。所以比较形质上的学问，反有逊色。试想种种物理，无不是从实验上看出来，不是纯靠理论。哲学反纯靠理论，没有实验，这不是相差很远么？佛法的高处，一方在理论极成，一方在圣智内证。岂但不为宗教起见，也并不为解脱生死起见，不为提倡道德起见，只是发明真如的见解，必要实证真如；发明如来藏的见解，必要实证如来藏。与其称为宗教，不如称为"哲学之实证者"。至于布施、持戒、忍辱等法，不过为对治妄心。妄心不起，自然随顺真如。这原是几种方法，并不是他的指趣。又像发大悲心、普渡众生等语，一面看来，原是最高的道德，因为初

发大心的时候，自己还是众生，自然有一种普渡众生的志愿；一面看来，凡人自己得着最美的境界，总要与人共乐。譬如游山听乐，非众不欢。释迦牟尼未成正觉以前，本来也和常人不异。见到这一处，自然要与人共见。证到这一处，自然要与人共证。若不是说法利生，总觉得自己心里不很畅快。所以据那面看是悲，据这面看是喜。若专用道德的眼光去看，虽是得了一面，却也失了一面。道德尚且不是佛的本旨，何况宗教呢？从来着了宗教的见解，总不免执守自宗，攻击异己。像印度的数论、胜论，原有不论他人说是说非，总要强下许多辩难。有时见他人立意本高，就去挑拨字句，吹毛求疵，不晓得字句失当的所在。佛法中也是不免。到了这边，又必要加许多弥缝，施许多辩护，真是目见千里，不见其睫。现在且举一例：且如老庄多说自然，佛家无不攻驳自然，说道本来没有自性，何况自然？那么，我请回敬佛家一句，佛法也有"法尔"两个字，本来没有法性，何况法尔？人本无我，没有自然；法本无我，连法性也不能成立了。这种话，只要以矛刺盾，自己无不陷入绝地。后来佛法分宗，也往往有这种弊病。本来专门讲学，原是要彼此辩论，但据着道理的辩，总是愈辩愈精；执着宗教的辩，反是愈辩愈劣。我想陈那菩萨作《理门论》，只用现量、比量，不用圣教量，真是辩论的规矩。可惜亚东许多高僧，从没有在这边着想。这种病根，都为执着宗教的意见，不得脱离，竟把"佛法无诤"四个字忘了。若晓得佛法本来不是宗教，自然放大眼光，自由研究。纵使未能趣入实证一途，在哲学的理论上，必定可以脱除障碍，获见光明。况且大乘的见解，本来"依义不依文，依法不依人"。可见第一义谛，不必都在悉檀；地上菩萨，不必专生印度。恐怕文殊、弥勒，本来是外道宗师，大乘采他的话，就成一种最高的见解。何但文殊弥勒呢？西向希腊，东向支那，也可以寻得几个出来。虽然不在僧伽，他的话倒不失释迦牟尼的本意啊！

佛法中原有真谛、俗谛二门。本来不能离开俗谛去讲真谛。大乘发挥的道理，不过"万法唯心"四个字。因为心是人人所能自证，所以说来没有破绽。若俗谛中不可说法，也就不能成立这个真谛。但在真谛一边，到如来藏缘起宗、阿赖耶缘起宗，已占哲学上最高的地位。只在俗谛一边，却有许多不满。那不满在何处呢？佛法只许动物为有情，不许植物为有情，至于矿物，更不消说了。兄弟平日好读《瑜伽师地论》，却也见他许多未满。《瑜伽》六十五云："离系外道，作如是说：一切树等，皆悉有命，见彼与内有命数法，同增长故。应告彼言：树等增长，为命为因？为更有余增长因耶？若彼唯用命为因者，彼未舍命，而于一时无有增长，不应道理。若更有余增长因者。彼虽无命，由自因缘，亦得增长，故不应。又无命物无有增长，为有说因？为无说因？若有说因，此说因缘不可得故，不应道理。若无说因，无因而说而必尔者，不应道理。又诸树等物与有命物，为一向相似？为不一向相似？若言一向相似者，诸树等物根下入地，上分增长，不能自然动摇其身，虽与语言而不报答，曾不见有善恶业转。断枝条已，余处更生，不应道理。若言一向不相似者，是则由相似故可有寿命，不相似故应无寿命，不应道理。"这许多话，不用多辩，只要说"寿、暖、识三，合为命根"。植物也有呼吸，不能说无寿；也有温度，不能说无暖；也有牝牡交合的情欲，卷虫食蝇的作用，不能说无识。依这三件，植物决定有命。至于根分入地下能动摇，这与蜗牛石蛙，有甚么区别？语言不报，也与种种下等动物相似。断枝更生，也与蜥蜴续尾、青蛙续肢别无两样。惟有善恩业果一件，是人所不能证明，都无庸辩。种种不能成立。植物无命，费了许多辩论，到底无益。至于矿物，近人或有说他无知，或有说他有知，依唯心论，到底不能说矿物无知。为甚么缘故呢？唯心论的话，简说成心有境无。请问触着墙壁，为甚么不能过去？唯心论家，必定说身识未灭，所以触觉不灭。触觉未灭，所以不能透过障碍。究竟不是外界障碍，只是身识上的相分。若身识灭了，触觉就灭。触觉灭了，自然不觉障碍，可以透过。这几句话，原来不错，但又请问唯心论家：石块和石块相遇，金球和金球相遇，也一样不能透过。请问石块和金球，还是有身识呢，还是没有身识呢？若没有身识，为甚么不能透过障碍？石块、金球可说没有身识，便是动物也可说成没有身识，这是依着甚么论根？若说石块、金球也有身识，为甚么佛法总是说四大是"无情数"呢？问到这句，佛法中唯心论师，口就哑了。到底不说矿物有知，不能完成自己的唯心论。现在依《起信论》说，更有证成"矿物有知"的道理。原来阿赖耶识，含有三个：一是业识，二是转识，三是现识。业就是作用的别名，又有动的意思。矿物都有作用，风水等物，更能流动，可见矿物必有业识。转识就是能见的意思，质言就是能感触的作用，矿物既然能触，便是能感，可见矿物必有转识。现识就是境界现前的意思，矿物和异性矿物，既能亲和，也能抵抗，分明是有境界现前，可见矿物也有现识。若依《成唯识论》分配，业识便是作意，转识便是触，现识便是受，并与阿赖耶识相应，但没有想思二位。所以比较动植物的知识，就退在下劣的地位。况且矿物不但有阿赖耶识，兼有意根。何以见得呢？既有保存自体的作用，一定是有"我执"，若没有我执，断无保存自体的理。只是意根中"法执"有无，还没有明白证据，不容武断。矿物既有阿赖耶、意根二种，为甚么缘故不见流转生死啊？因为流转生死，必要"感""业"二种为缘。矿物的感，只有"俱生我执"，没有"分别我执"；只有"显境名言"，没有"表义名言"。矿物的业，只有"无记性"，没有"善性""恶性"。流转生死的缘，阙了大半，所以没有流转生死的果。这也是容易说明的。但虽说矿物有知，依旧不容说矿物有质。只是矿物和矿物相遇，现起触觉，毕竟没有窒碍的本体。动物和矿物相遇，动物现起色觉、声觉、香觉、味觉、触觉，毕竟没有五尘的本质。五尘的幻觉，只为两种有意根的东西相遇而生，所以心有境无，依然成立。

这植物有命，矿物有知俗谛，佛法中不能说得圆满。我辈虽然浅陋，还可以补正得一点儿。还有一句话，是兄弟平日的意见。现在讲唯心论的，必要破唯物论。依兄弟者，唯心论不必破唯物论，反可以包容得唯物论，只要提出"三性"，就可以说明了。

第一是据"依他起自性"。唯物论家为甚么信唯物呢？除了感觉，本来无物可得。感觉所得，就是唯心论的"现量"。信唯物的，原是信自己的感觉，即便归入心上的现量了。

第二是据"遍计所执自性"。有一类唯物论师，说感觉所得，不过现象，分析出来，只是色、声、香、味、触五种。此外还有物的本质，不是色、声、香、味，也不是触，没有方分，没有延长，五感所不能到，就是真正的物质了。但五感所不能到，就在"现量"以外，又兼一切物质，界限最广，更没有甚么"比量"。离了"现量""比量"，突然说有物质，那便非经验非推理的说话。这句话由那里起来，只为我的意根中间，原是有"法执"。依着"法执"做自己思想的靠傍，就说出"物必有质"的话来。那么，"物质"这一句话，就是唯心论中所说的"非量"，分明是句妄语。然而离了意根，再不能无端想成，这不是以心量为主，物质为从么？

第三是据"圆成实自性"。动物植物也有知，矿物也有知，种种不过阿赖耶识所现的波浪。追寻原始，惟一真心。况且分析一物，到分子的境界，展转分成小分子、微分子的境界，总有度量可分，不能到最小最微的一点。所以《庄子·河伯》篇说："物量无穷。"既是无穷，必不能说是实有。也像空间时间，没有边际，就不能说是实有。到底是心中幻象，就此可以证成"诸法不生"。矿物、植物、动物，同是不生，那就归入圆成实性，所以说不必破唯物论。尽容他的唯物论说到穷尽，不能不归入唯心，兄弟这一篇话，或者不为无见吧！

佛法在印度，小乘分为二十余部，大乘只分般若、法相二家。般若不立阿赖耶识，又说"心境皆空"，到底无心无境，不能成立一切缘起。但《中论》所说："因缘所生法，我说即是空，亦名为假名，亦名为中道。"空便是遍计所执自性，假便是依他起自性，中便是圆成实自性，不过名目有点儿不同罢了。照这样看，般若宗的真义，还是唯心。般若所破的"心境"，即是法相的"见相"，也没有直破真心。法相宗提出阿赖耶识，本是补般若宗的不备。以前本有《起信论》提出如来藏来。如来藏与阿赖耶识，《楞伽经》中本来不说分别。《密严经》也说："佛说如来藏，以为阿赖耶。恶魔不能知，藏即赖耶识。"《起信论》里头，虽有分别，到底八识九识，可以随意开合，并不是根本的差违。法相说三性三无性，《楞伽经》也说三性三无性。大概《楞伽经》《密严经》《解深密经》，同是法相宗所依据。《起信》《瑜伽》，也不过是同门异户。所以印度本土，除了般若、法相，并没有别的大乘。一到中国，却分出天台、华严二宗。天台所据的是《法华经》，华严所据的是《华严经》。这两部经典，意趣本来不甚明白。

智者、贤首两公，只把自己的意见，随便附会，未必就是两经的本旨。其间暗取老庄旧说，以明佛法，其实不少，所以称为支那佛法。现在把两边的佛法，比较一回，到底互有长短。大概印度人思想精严，通大乘的，没有不通小乘；解佛法的，没有不晓因明，所以论证多有根据，也没有离了俗谛空说真谛的病。中国却不然，思想虽然高远，却没有精细的研求；许多不合论理、不通俗谛的话，随便可以掩饰过去。这就是印度所长，中国所短。且看华严宗立"无尽缘起说"，风靡天下，人人以为佛法了义，还在《起信》《瑜伽》之上。依兄弟想，本来《庄子·寓言》篇曾经说过："万物皆种也。以不同形相禅，始卒若环，莫得其伦。"这就是华严宗的"相入"说。《齐物论》也说："万物与我为一。"这就是华严宗的"相即"说。贤首暗取庄子意思，来说佛法，原是成得一种理论。但如来藏缘起说、阿赖耶缘起说，都是以心为本因，无尽缘起说到底以甚么为本因？还是无量物质互为缘起呢，还是无量心识互为缘起呢？或者无量物质、无量心识互为缘起呢？到底说来暗昧，没有根源。所立二喻，一是"十钱喻"，二是"椽舍喻"。十钱喻说，十个钱是一个钱所缘成，一个钱又是十个钱所缘成。究竟不过把算位进退。一的进位便是十，所以说十数是一数所缘成；一的退位，便是小数的一，所以说一数是十个小数的一所缘成。但在算位上可以这样讲去，在有形质的物件上，就不容易这样讲去。为甚么呢？十个钱可说是一个钱所缘成，一个钱更无小钱可分，将一个钱切做十分，早已不能唤他为钱，怎么可说一个钱是十个小数的一钱所缘成呢？椽舍喻说，椽便是舍，因为舍是椽所缘成，去了一椽，便是破舍。所以说椽即是舍。这一条喻，更加荒缪。舍是椽所缘成，便说椽即是舍。这个比例，与"泥中有瓶"一样，犯了"因中有果"的过。况且去了一椽，好舍虽变了破舍，不能不说是舍。去了一椽还是舍，怎么可说椽即是舍呢？照这个比例，也可说眉毛就是人，因为去了眉毛，便是丑怪的人，所以说眉毛就是人。这不是极荒唐的诡辩么？《庄子·天下》篇所载名家诡辩，说的是"郢有天下"。贤首这篇诡辩，与那句话正是同例。这般荒缪无根的论法，到底不会出在印度。这分明是支那佛法的短处。但有一端长处，也是印度人所不能想到的，就像《华严经》有"性起品"。华严宗取到"性起"两个字，犹有几分悟到。本来缘起这个名称，原有几分不足。缘十二缘生说，《大乘入楞伽经》已曾疑过："大慧菩萨白佛言，外道说因不从缘生而有所生。世尊所说。果待于因，因复待因。如是展转成无穷过。"《庄子·齐物论》也说："吾有待而然者邪，吾所待又有待而然者邪？"这种驳难，到底不能解答。因为第一因缘不能指定，所以虽说缘生，不过与泛泛无根一样。又像《楞伽》《起信》，都把海喻真心，风喻无明，浪喻妄心。但风与海本是二物，照这个比例，无明与真心也是二物。海的外本来有一种风，照这个比例，心的外本来也有一种无明。这就与数论分神我、自性为二的见解，没有差别。唯有说成"性起"，便把种种疑难可以解决。因为真心绝对，本来不知有我。不知有我这一点，就是无明。因为不知有我，所以看成器界、情界。这个就是缘生的第一个主因，一句话就把许多疑团破了。这也是支那佛法所长，超过印度的一点。若是拘守宗法，必定说那一宗长，那一宗短，强分权教、实教、始教、终教许多名目，那就是拘墟之见，不是通方之论了。只要各取所长，互相补助，自然成一种圆满无缺的哲理。

佛法本来称出世法，但到底不能离世间法。试看小乘律中，盗金钱五磨洒，便算重罪，也不过依着印度法律。大乘律脱离法律的见解，还有许多依着寻常道德。这且不论，但说三界以外，本来没有四界，虽说出世法，终究不离世间。精细论来，世间本来是幻，不过是处识种子所现，处识见《摄大乘论》。有意要离脱世间，还是为处识幻相所蔽。所以断了所知障的人"证见世间是幻"，就知道世间不待脱离。所以"不住生死，不住涅槃"两句话，是佛法中究竟的义谛。

其中还有一类，《大乘入楞伽经》唤作菩萨一阐提，经中明说："菩萨一阐提，知一切法本来涅槃，毕竟不入。"像印度的文殊、普贤、维摩诘，中国的老聃、庄周，无不是菩萨一阐提。这个菩萨一阐提发愿的总相，大概是同；发愿的别相，彼此有异。原来印度社会和平，政治简淡，所以维摩诘的话，不过是度险、设医药、救饥馑几种慈善事业。到东方就不然，社会相争，政治压制，非常的猛烈。所以老庄的话，大端注意在社会政治这边，不在专施小惠，拯救贫穷，连"兼爱""偃兵"几句大话，无不打破。为甚么缘故呢？兼爱的话，这是强设一种兼爱的条例，像《墨子·天志》篇所说，可以知其大概。若有一人一国违了天志，这个人就该杀，这个国就该灭，依然不能纯用兼爱。又像那基督教也是以博爱为宗，但从前罗马教皇代天杀人，比政府的法律更要残酷。所以庄子见得兼爱就是大迂，《天道》篇。又说"为义偃兵"，就是"造兵之本"，《徐无鬼》篇。这真是看透世情，断不是煦煦为仁，孑孑为义的见解。

大概世间法中，不过平等二字，庄子就唤作"齐物"，并不是说人类平等、众生平等，要把善恶是非的见解，一切打破，才是平等。原来有了善恶是非的见，断断没有真平等的事实出来。要知发起善恶，不过是思业上的分位。《庄严论》说的"许心似二现，如是似贪事，或似于信事，无别善染法。"至于善恶是非的名号，不是随顺感觉所得，不是随顺直觉所得，只是心上先有这种障碍，口里就随了障碍分别出来。世间最可畏的，并不在"相"，只是在"名"。《楞伽》《般若》多说到字平等性、语平等性。老庄第一的高见，开宗明义，先破名言。名言破了，是非善恶就不能成立。《齐物论》说的："未成乎心而有是非，是今日适越而昔至也，是以无有为有。"分明见得是非善恶等想，只是随顺妄心，本来不能说是实有。现在拿着善恶是非的话，去分别人事，真是荒唐缪妄到极处了。老子说的"常善救人，故无弃人。人之不善，何弃之有！"并不是说把不善的人，救成善人，只是本来没有善恶，所以不弃。

　　但这句话，与近来无政府党的话，大有分别。老庄也不是纯然排斥礼法，打破政府。老子明明说的"辅万物之自然而不敢为"，又说："圣人无常心，以百姓心为心。善者吾善之，不善者吾亦善之，德善。信者吾信之，不信者吾亦信之，德信。圣人在天下，歙歙为天下浑其心，圣人，皆孩之。"意中说只要应合人情，自己没有善恶是非的成见。所以老子的话，一方是治天下，一方是无政府。只看当时人情所好，无论是专制，是立宪，是无政府，无不可为。仿佛佛法中有三乘的话，应机说法。老子在政治上也是三乘的话，并不执着一定的方针，强去配合。一方说："以道莅天下，其鬼不神。"是打破宗教；一方又说："人之所教，我亦教之。强梁者不得其死，吾将以为教父。"又是随顺宗教。所以说"不善者吾亦善之，不信者吾亦信之"，并不是权术话，只是随顺人情，使人人各如所愿罢了。再向下一层说，人心虽有是非善恶的妄见，惟有客观上的学理，可以说他有是有非；主观上的志愿，到底不能说他有是有非。惟有无所为的未长进，可以说是真善真恶；有所为的长进，善只可说为伪善，恶也只可说为伪恶。照这样分别，就有许多判断，绝许多争论，在人事上岂不增许多方便么？

兄弟看近来世事纷纭，人民涂炭，不造出一种舆论，到底不能拯救世人。上边说的，已略有几分了。最得意的，是《齐物论》中"尧伐三子"一章："昔者，尧问于舜曰：我欲伐宗、脍、胥敖，南面而不释然。何也？舜曰：'夫三子者，犹存乎蓬艾之间，若不释然，何哉？昔者，十日并出，草木皆照，而况德之进乎日者乎！'"据郭象注，蓬艾就是至陋的意思。物之所安，没有陋与不陋的分别。现在想夺蓬艾的愿，伐使从己，于道就不弘了。庄子只一篇话，眼光注射，直看见万世的人情。大抵善恶是非的见，还容易消去。文明野蛮的见，最不容易消去。无论进化论政治家的话，都钻在这个洞窟子里，就是现在一派无政府党，还看得物质文明，是一件重要的事，何况世界许多野心家。所以一般舆论，不论东洋西洋，没有一个不把文明野蛮的见横在心里。学者著书，还要增长这种意见，以至怀着兽心的强国，有意要并吞弱国，不说贪他的土地，利他的物产，反说那国本来野蛮，我今灭了那国，正是使那国的人民获享文明幸福。这正是"尧伐三子"的口柄。不晓得文明野蛮的话，本来从心上的幻想现来。只就事实上看，甚么唤做文明，甚么唤做野蛮，也没有一定的界限。而且彼此所见，还有相反之处。所以庄子又说"没有正处，没有正味，没有正色"。只看人情所安，就是正处、正味、正色。易地而施，却像使海鸟啖大牢，猿猴着礼服，何曾有甚么幸福？所以第一要造成舆论，打破文明野蛮的见，使那些怀挟兽心的人，不能借口，任便说我爱杀人，我最贪利，所以要灭人的国，说出本心，到也罢了。文明野蛮的见解，既先打破，那边怀挟兽心的人，到底不得不把本心说出，自然没有人去从他。这是老庄的第一高见。就使维摩诘生在今日，必定也主张这种议论，发起这种志愿，断不是只说几句慈善事业的话，就以为够用了。

若专用佛法去应世务，规画总有不周。若借用无政府党的话，理论既是偏于唯物，方法实在没有完成。唯有把佛与老庄和合，这才是"善权大士"，救时应务的第一良法。至于说到根本一边，总是不住涅槃，不住生死，不着名相，不生分别。像兄弟与诸位，虽然不曾证到那种境界，也不曾趣入"菩萨一阐提"的地位。但是闻思所成，未尝不可领会；发心立愿，未尝不可宣言。《维摩诘经》所说的"虽观诸法不生而入正位，虽摄一切众生而不爱着，虽乐远离而不依身心尽，虽行三界而不坏法界性"。难道我辈就终身绝望么？

（1911年10月讲于日本，据章太炎手稿整理，载于《中国哲学》1981年第6期；收入《章太炎全集（十四）·演讲集（上）》，第147—149页）

在槟城极乐寺演讲佛法平等

　　三藏十二部，文旨浩繁，难于陈数，今就本忠禅师所论平等之义，举诸教以与佛法比较，则平等之真，惟在佛法矣。请试言之。

　　佛法自称有大乘、缘觉乘、声闻乘三者，而天乘、人乘，通于外道俗士，合为五乘。今所见各家宗教，大抵皆天乘也。基督、天主二教以为人皆上帝所生，信仰上帝，遵行戒法，死后可以升侍上帝之旁，而终不能成为上帝，若加毁谤，便堕地狱，亦永无超脱之时，此未为平等也。稍进则印度吠坛多教，立梵天王为本，亦与上帝不甚差殊，而此教权说，以情界器界皆出梵天王，不须转化，是说较之前者二教，平等之真渐露，而终谓世界有报，说尚沾滞。又进则印度数论，不立梵天，而立阿德摩为本。阿德摩者，译言神我，而神我为忧喜暗所迷，不能自见，而情器界以著，舍迷就悟，则神我自现，本无情界器界之纷纭也。是说较诸建立梵天者更为知本，亦终不免执着有我，我之为名，与彼相对，彼我对待，则犹未为平等也。数论本无升天之想，而列于天乘也。盖最初二教，其果在欲界天。吠坛多教，其果在色界天。数论难能不堕色界，而终不免堕落色界天，至于此而天乘已圆满究竟矣。更进则惟有声闻、缘觉二乘，不立神我，而以无明为本。无明者何？即不觉是。不觉者谁？则此心是。于是十二缘生之说出，扫荡一切世界缘起，独以因果钩连，为万物所由出，不立神我，则我见亦空。以此较诸数论，平等之真益著。然而情界、器界犹是对立，人我之见已除，而法我之见未破，犹未为平等之至极也。何谓法我？曰：认有主体是也。如见地水火风，而认地水火风为有本质，此即为法我见，于是又进而为大乘。大乘之说，以为真如本觉，即是一心，绝对无二，故不能自见，即此不能自见，谓之不觉，谓之无明，于是四生六道、大地山河，宛然如梦境之现前矣。若识本心，即称始觉，渐渐修习，还于本觉，即谓之佛。是故情器二界，等是虚幻，惟心是实。心迷即是众生，心悟即是佛果。佛非新成，本来是佛而自不见耳。一切皆有本觉，则一切等皆作佛，但其觉有迟速，缘有具阙，故不得一时成就，亦犹稻熟，虽为早晚，而皆当结实一也。无物非心，故不隔情器，无心非觉，故了阋圣凡，此乃平等之至，而非小乘大乘所可异论者矣。要之，人所信仰，莫过于心，上帝、梵天王等，知其名始信之，不知其名则不能生信也。惟心不然，虽至婴儿鸟兽，无不以感觉所得为真，信此所感觉者，即由信此能感觉者，故欲人不信心，势不可得。以此观之，则心为三界万法之本，断可知矣。此又大乘最坚之义，而非矫造名词引人信佛也。

（1916 年 11 月 11 日讲于马来亚槟城，载于新加坡《国民日报》1916 年 11 月 19 日；收入《章太炎全集（十四）·演讲集（上）》，第 235—236 页）

在亚洲古学会第二次大会上之演说

佛教入中国，本无统系可言，确如欧土之新教，若合僧徒而一之甚难。夫研究佛教者，一沙门，一居士。沙门以有宗派之分，致生门户之见，是以合一殊非易事。居士学术较深，亦无宗派争执，连络而统一之，甚易为力。吾以为凡宗教之类，上下点均同，所异者惟中间之规则等，绝端不能相同。所谓下者如五戒等，上者如望人为善，与他教亦无不相同，若规则则各自为政。然居士于规则一项，每每脱略，而不为所泥，只求上者而研究之，故合之殊易易也。夫佛教各派既已难合，而与各教更难一致，然以予观之，若欲谋亚洲佛教之联合，亦非大难之事。盖就其上下两端而统一之即是。且佛教中有大乘、小乘，又有天乘、人乘。所谓天乘者，即天堂等说是也；人乘者，即望人为善是也。至有所谓外道者即属天乘，以天乘有门户之分，故谬执天乘之说即为外道，否则均可入佛法。今中国无天乘，但有人乘而已，人乘无迷信，其入大乘甚易。彼主张天乘者，若去其门户之私，亦可入佛法。佛法如帝国，各乘如受保护者，各乘不脱离佛法，犹保护国不脱离帝国相同。故门户之见除，则各教自合。总之，各教之联络，宜于居士，不宜于僧徒也。

（讲于 1917 年 4 月 8 日，载于《时报》1917 年 4 月 9 日；收入《章太炎全集（十四）·演讲集（上）》，第 246—247 页）

章太炎像。 章太炎在 1917 年 3 月 4 日于上海发起成立亚洲古学会，并召开第一次大会，并发表演说。 一个月后，又借用虹口日本人俱乐部举行第二次集会，他就佛教与亚洲古学的关系等发表演讲，强调佛教是世俗化的佛教，而且杂糅孔老等诸子之学。 学者李天纲认为，章太炎发起亚洲古学会，设想一种能够联系中国、日本、印度的"文化佛教"，这并非一个孤立事件，它既是 19 世纪中日印三国佛教复兴以及三民族文化交流的一个结果，也是 20 世纪人间佛教南下弘法与文化共融运动的一个开端

说真如

昔居东时，有人问言心本真如性，何缘突起无明？桂柏华举《起信论》风、水之喻答之。然水因风而有波，水是真如性，波是生灭心；风乃外来，本非水有，而无明真如，是一心法。则斯喻原非极成，有执是难，桂无以解。余谓马鸣之言，容亦有漏。解斯难者，应举例云：如小儿蒙昧，不解文义，渐次修习，一旦解寤，当其既通，与昔未通之心，非是二物，然未通之时，通性自在，喻如真如；当其未通，喻如无明；由塞而通，喻如始觉同本。苟无通性，则终不可通；若无不通之性，何必待学习方知文义耶？虽然，斯例则通达矣，而终不解无明突起之由。余以所谓常乐我净者，即指真如心；而此真如心，本唯绝对，既无对待，故不觉有我，即此不觉，谓之无明。证觉以后，亦归绝对，而不至再迷者，以曾经始觉故。复有问言何时而有无明？此难较不易释，佛书多言无明无本际，盖谓此也。然深思之故亦有说，时分之成，起于心之生灭；生灭心未起，则时分之相，无自建立。因无明而心生灭，因生灭相续而有时分之相，故谓之无始无明。苟谛察之，斯难又无自发矣。盖真如门言语道断，心行处灭，一落明言计度，即生灭门摄。故风水微尘瓦器金庄严具等，以喻合法，皆不谛当者——以非一切世间有为法，所得比拟故也。

（讲于 1917 年 10 月至 1918 年 10 月间，载于 1921 年《太炎学说》，四川印行；收入《章太炎全集（十四）·演讲集（上）》，第 260 页）

在重庆罗汉寺演讲佛学

佛法广大，说之百年不尽。今为引起大众信解，略以三事说明：一者判教，二者略教义，三者佛法世法之关系。

判教之术，前有天台，分藏、通、别、圆四教。后有贤首，分小、始、终、顿、圆五教。此皆于佛法中，评其深浅耳。今者正法衰微，异说蜂起，故判教不局于内典，并就他种宗教学说，合为品评，庶几人知趣向。大抵教义长短，一者在有阶级、无阶级；二者在有臆造、无臆造；三者在有执着、无执着。有阶级则非平等，有臆造则非实相，有执着则非离障。故有者为劣，无者为胜。最初基督、天方等教，以人为上帝所生。人虽至善，死后可侍坐上帝之侧，不能与上帝同等，此为阶级最严者。稍胜则为此土《中庸》之说，以天命为性，与基督、天方无甚差别，唯云天下至诚，可以与天地参，阶级稍弛矣。转胜则为印度吠檀多之说。此教本婆罗门旧义，改良以后，而目不同，以为一切情界、器界，皆梵天王之幻相，迷时神人殊格，悟时本非有二，有此万物，非梵天王所创造，觉悟以后，亦非转化成梵天王，乃本来一物耳，此说为最平等矣。诸称上帝、称天、称梵王者，名号不同，其实皆最高之神。神非感觉直觉所得，故三家优劣虽殊，皆不免于臆造。又胜则为印度胜论之说。以地、水、火、风、时、方、空、我、意九件，为九种实质，斯皆常识所有，不涉虚妄；又以为物之原始，名曰极微，稍著则为子微，更著则为孙微，极微如今所谓原子，孙微如今所谓分子，说亦近实。然九事并列，谁为主体？凡不遍者，不能为真有，不常者亦不能为真有。故胜论之义，于俗谛可云无臆造，于真谛不可云非臆造。又胜则为印度数论之说，建立神我以为一元。我本直觉所得，无物不知有我，则为遍矣。无时不知有我，则为常矣。校诸胜论，为完全脱离臆造之域，我之得名，与彼相对，不与彼对，则我无有也。数论立言沾滞，虽离臆造，犹不免于执着。最胜乃为佛家大乘之说。小乘排斥我见，以五蕴分解人生，色属物质，受、想、行、识属心，本是权化，故其说反近二元。逮大乘出，始建立一心，三界四生唯心所造，其与数论所谓神我，品类无差，而实相自异。且数论最后终执有我，大乘最后并不许执着有心，故云心不见心，无相可得；又云心现前立少物，谓是唯识性。以有所得故，非实住唯识，此乃远离执着，为百家之冠矣。

大乘教义，除般若三论以外，大体相同，不外唯心二字。今见万象纷纭，何以知其虚妄？心亦变幻无方，何以知其实有耶？是故最初分析，权立八识，以阿赖耶识为本。阿赖耶译即藏字，言其含藏万有也。由此分枝，则有末那识，译即意根，此识时时不离藏识，执藏识以为我。末那分枝，亲者为意识，一切想念情感，无不由意识发舒，疏者为眼、耳、鼻、舌、身五识，则专主感觉作用。今人之信有外界，于何取证？实以感觉为证耳。而感觉初成时，眼中唯起青黄等相，耳中唯起宫商等相，初不觉此相在眼、耳外也。一觉在外，便入想位，非感觉之界矣。是故专信感觉，则知青黄、宫商等相，唯是眼识耳识，现起变化，而非有外界相对也。法相说此，名为现量，是即唯心论义，既云心有境无，何以心中现起妄境耶？则以藏识所包，一切种子无不完备，此识本有见分、相分，见分即能知者，相分即所知者，即以己心见分，还见己心相分，是故变相纷纭，现于五感也。藏识所以包藏一切种子者，亦非本然。今且假定一最始时间，此心无外，唯是绝对，以绝对故，不知自相，认自为他，遂现种种殊相，所谓真如起无明者此也。藏识本是真心，而为无明所覆，是以不得自在。欲断无明，先从断意根始，以意根执我最深。故我执有二，一曰人我，二曰法我。人我见者，即认生物皆有灵魂是。法我见者，即认万物皆有实质是。断人我见，名曰离烦恼障。断法我见，名曰离所知障。小乘偏断人我，而于法我不断，故反认地、水、火、风为实。人我既断，利济之心亦薄。大乘兼断法我人我，而于人我心不全去，始有普度众生之念。逮至八地菩萨，人我始断，三种我执皆断，是之为佛。佛即觉义。最初真如心，名曰本觉；中间阿赖耶识，名曰不觉；最后佛心，名曰始觉。始觉即同本觉，非先无而后有也。

佛法之与世法，或曰佛法虚无，于世无用；或云五戒即仁、义、礼、智、信五德，为使人作善之门。其实则虚无非佛家本旨，唯般若一宗，多陈此义，其余方等诸经不然也。五戒使人作善，事义无违，然凡范世立训者，总以提奖善行为宗，天人各教，靡不同之，亦非佛所独有。鄙意平等一义，出世入世，悉当奉为科律，是乃真为佛法胜处耳。如基督教，非不昌言平等，然范围限于人类，义甚狭小。真平等者，非独与万物不生殊念，即是非善恶，亦皆泯然齐同。佛法以外，唯此土《庄子·齐物论》明之；盖以事物所起，皆在一心，心着事物，始有是非善恶之辨；要皆迷中幻想，无丝毫实性也。此于世法，虽相去悬远，然真欲人类平等，非简单之人类平等说所能召致，其必超绝数层，然后退有后效。如犹不信，试观庄生著书，本陈内圣外王之道，而"齐物"所说，几与世法背驰。是岂好为玄远哉？正以

罗汉寺，位于今重庆市地标解放碑和来福士广场附近。 始建于北宋治平年间（1064—1067），原名古佛寺，在清光绪十一年（1885），时任方丈隆法和尚仿效四川新都宝光寺罗汉堂的形式，在寺内建造五百罗汉堂，由此罗汉寺名益彰

万喙齐鸣，各谓己是，有不可偏听者也。今在共和之世，阶位已夷，而党伐弥甚，试以此道济之，庶乎其可！

（1918 年讲于重庆，载于 1919 年 4 月《觉社丛书》第 3 期；改名《在重庆罗汉寺演讲佛学》，收入《章太炎全集（十四）·演讲集（上）》，第 277—280 页）

在世界佛教居士林会上之演说

　　佛法无边，从何处说起？简单言之，无论大乘小乘，皆必修四谛。何为四谛？苦集灭道是。苦为集果，集为苦因。集者缘起之义，有情世间、器世间之建立，皆为缘起。大地山河为器世间，就矿而论，皆含有识，矿能变动，即是其识。人类为有情世间，人之生死，识为缘起，无明缘行，行缘识，识缘名色，名色缘六入，六入缘触，触缘受，受缘爱，爱缘有，有缘生，生缘老死。识分为八，眼、耳、鼻、舌、身、意为六识，末那为七识，阿赖耶识为八识。前六识有情，七、八识无情。八识统名藏识，故有谓即如来藏。苦之种类甚多，或名八苦，或名百千苦，总之有世间则有烦脑，烦脑即是苦。若欲断诸苦，惟有从一切缘起。灭者涅槃之义，道为灭因，灭为道果，一切佛乘皆为道。佛者觉也，悟之为觉，迷则为凡。小乘但求自度，大乘务在度人，度人即菩提心，欲证涅槃，必先修道。涅槃分有余依、无余依二种，此即大小乘之别，吾故谓无论大小乘，皆必修四谛。

　　（讲于 1922 年 10 月 28 日，载于 1922 年 10 月 30 日《申报》"本埠新闻"《世界佛教居士林开会记》；收入《章太炎全集（十四）·演讲集（上）》，第 379 页）

图为世界佛教居士林第一届职员欢迎会，居中坐者为章太炎与林长周舜卿（载《世界佛教居士林林刊》1923 年第 2 期）。 1922 年，章太炎、太虚等人支持的"上海佛教居士林"（1918 年成立）改造为"世界佛教居士林"，推动"世界佛教"运动，章太炎受邀参加会议并发表演说

说　我

适才马先生论中国科学之不进步，因说到阳明先生不愿格竹，只愿致良知。我今也且学阳明先生，不论科学，只论"我"。因为一切对境的知识，都是后起，唯有直觉有我，是最先的知识。假使不知有我，一切知识的对境，就都无根，非但科学、哲学、文学等等知识，变了浮空无着的东西，就是说白说黑，这白黑也是浮空无着的东西，所以最要紧的是说我。

第一件是讲"我"之名义。据《说文》："我，施身自谓也。"又说："我，顷顿也。"又说："俄，顷也。"这样说，"我"字本来就是"俄"字。把俄顷的义，转用做施身自谓的义。就像"朋"字本来是"凤"字，把凤皇的义，转用做朋友的义。但问"俄顷"的义，何以转用做施身自谓的义呢？当初告子说的"生之谓性，性犹湍水"，这"我"字的真意，不过就是生机。生机像湍水一样，不是刻刻不留的吗？就长期的生机言，不过百年，在这天长地久之中，原不过是俄顷。就一念的生机言，一念方起，已经成了过去。刚才说我，已经是过去的我，这不是俄顷吗？但因有长期的生机，就看为成片段的，所以有"有我""无我"的二说。

第二件就讲"有我"与"无我"。凡是生物，那一个不自觉有我的？但推论到极端一点，就看得必先有我，才有世界万物。又看得我不止是生机，未生以前已经有我，就死了还是有我。在印度地方，佛法未出以前先有僧佉一派，立论是以"神我"为根本，一切地、水、火、风之类，项项都从神我流出。在中国地方，孟子说的"万物皆备于我矣"，议论正是和僧佉派一样。他两家的学说，固是由自己体验得来的，但这理论从何处说起呢？因看得一切知识，最先是直觉有我，而且别种知识起来的时候，同时仍是直觉有我。所以偶起一念，断不疑这念是谁念；偶说一句话，断不疑这话是谁说；偶然行住坐卧，断不疑这行住坐卧是谁行住坐卧。明明有个我把持定的，就到疯狂的人，别的知识可以错乱，唯直觉有我的知识，不会错乱。就到厌世自杀的人，何以自杀，不过是为我而自杀。那杀身成仁的人，是谁成仁，不过是我成仁，总见得身是可以杀的，我是不能杀的。因为这几件道理，所以僧佉、孟子都看得我是世界万物的本原。但又有一派最高的，就说"无我"。孔子"无意，无必，无固，无我"，他教颜渊，又吃紧的说要"克己"。颜渊后来"坐忘"，也是直觉上忘去了我。所以说"堕枝体，黜聪明，离形去知，同于大通"，是把形体和知识都销化尽了。在印度方面，那释迦牟尼的本领，也不过是"无人我，无法我"。这也都是他们自证得来的，但这理论又从何处说起呢？他看得性犹湍水，是刻刻不留的，既然不留，如何可说有我？究竟佛家也不能硬把这个"我"字抹杀，只说万物的主因，名为"阿赖耶识"，因"意根"念念思量，把这"阿赖耶识"认做是我，其实本来没有我。孔子所见，恐怕也是一样。所以必先无意，才能无我。无意就是伏灭"意根"，无我就是不把"阿赖耶识"认做我。因中国没有"阿赖耶识"的名辞，所以《易经》唤做"乾元"，《庄子》唤做"灵台"。《易经》本说"大哉乾元，首出庶物"，却又说"天德不可为首"。前边是假说有我的义，后边就是实说无我的义。只为中国圣人所做的事，本来与释迦不同，一切社会政治，无不要管理周到。无我是依据自证，有我是依据大众的知识。老子说："常无，欲以观其妙；常有，欲以观其徼"，也是一样的道理。究竟在学说方面，无我并不是反对有我，却是超过一层；在实行方面，有我也不能障碍无我，只像镜里现出影像。

章太炎篆书"灵台"

第三件再讲孟子所说之"我"。孟子说的"万物皆备于我"，并不专是一种理论，确是他体验得来的。所以说"反身而诚，乐莫大焉"。"反身"就是回看自己，"诚"就是实在体认到万物皆备于我。只看他又说："其为气也，至大至刚，塞乎天地之间。""气"尚且塞乎天地之间，"我"自然包含天地万物了。后代的理学家，最佩服的是孟子，因为孔子的"无我"，颜渊的"克己"，他们究竟不能办到，只有孟子的"万物皆备于我"，略略能够办到了。周茂叔说："颜子见大而忘其小，见大则其心泰，心泰则无不足。"本来颜子"坐忘"，是一切都忘，周茂叔却说做"见大忘小"，"见大"就是见"神我"了。后来陈白沙也说："天地我立，万物我出，宇宙在我"，又说："得此把柄入手，往古来今，四方上下，都一齐穿纽，一齐收拾。"这分明是体认到"神我"的境界。论孟子、周茂叔、陈白沙的本领，固然不及孔、颜，但这三位先生，无一时不快活，无一事失了人格，这都是重"我"的成效。

第四件讲应用于人事须有"我"。有我之说，说到绝对的我，就是万物皆备于我；说到相对的我，就是孔子所说"行己有耻"。曾子所说："彼以其富，我以吾仁，彼以其爵，我以吾义。"孟子所说："我得志弗为也。"应用于人事，不过是相对的我。但如把相对的我看轻，人格就毁了。甚么叫人格，人格不过就是"我格"。"行己有耻"，就是人格的第一义。人都要好的饮食、好的衣服、好的房屋车马、好的妓妾、大的官位、高的权势，这几件都是"我所"，并不是"我"。假如营求"我所"，不伤犯"我"的一毫，这也没得说了。现在眼见营求"我所"的，有用言语去奉承人，有用金钱去讨好人，有用身体去伺候人，甚至谓他人父，卖了自家的祖宗，这就是只知"我所"，忘了有"我"，还有甚么人格呢？道德的败坏，虽不止是一端，惟有人格堕落，是最紧一件事。杀人放火做强盗，虽是恶人，可是还不算丧了人格，这样人回转心来，尽有成就志士仁人、英雄豪杰的；只有丧了廉耻，就算把人格消磨干净，求他再能振作，就一百个难得一个了。你不看女子失身、官吏行贿，在法律上判他的罪状，比杀人放火做强盗是轻得多，但社会的评论是怎样呢？明末顾亭林先生，眼看道德败坏，只提出"行己有耻"四个字，可惜后来的人，口头虽说尊重亭林先生，却把"行己有耻"四个字忘了。道德败坏，一天进一天，直到今日，不能不提出"我"字。若不把"我"字做个靠背，就使有通天的学问，到得应用于人事，自己还能够把捉得定吗？

（1929 年演讲，载于 1939 年《制言》第 48 期；收入《章太炎全集（十四）·演讲集（上）》，第 413—416 页）

明　见

　　九流皆言道，道者彼也，能道者此也。《白萝门书》谓之陀尔奢那𑀤𑀢𑀢，此则言见。自宋始言道学，理学、心学，皆分别之名。今又通言哲学矣。道学者，局于一家；哲学者，名不雅故，搢绅先生难言之。孙卿曰："慎子有见于后，无见于先；老子有见于诎，无见于信；墨子有见于齐，无见于畸；宋子有见于少，无见于多。"《天论》。故予之名曰见者，是葱岭以南之典言也。见无符验，知一而不通类，谓之蔽。释氏所谓倒见、见取。诚有所见，无所凝滞，谓之智。释氏所谓正见、见谛。自纵横、阴阳以外，始征藏史至齐稷下，晚及韩子，莫不思凑单微，斟酌饱满，天道恢恢，所见固殊焉。旨远而辞文，言有伦而思循纪，皆本其因，不以武断。今之所准，以浮屠为天枢，往往可比合。然自雒闽诸师，比物儒书，傅之大乘，卒其所拟仪者，如可知，如不可知；如可象，如不可象。世又愈衰，文儒皆巧诋之，曰是固不可以合。夫终日之言，必有圣之法；百发之中，必有羿、逢蒙之巧。自马鸣、无著，皆人也，而九流亦人也，以人言道，何故不可合？有盈蚀而已矣。夫其僢者，印度诸文学始有地、水、火、风诸师，希腊放焉。希腊自囵利史明万物皆成于水，中夏初著书者即管子。《管子》亦云："水者，万物之本原，诸生之宗室"，"集于天地，藏于万物，产于金石，集于诸生，故曰水神。"《水地》。夫其简者莫不曰道，不可卷握视听，不可有，不可言也。浮屠虽至精，其言何择？儉且简者即有同。博约淖微之论，宁一切异耶？要举封界，言心莫眇于孙卿，言因莫远于庄周，言物莫微于惠施。《列子》所言，亦往往有合。然其书疑汉末人依附刘向《叙录》为之，故今不举。

孙卿曰："人生而有知，知而有志。志也者，藏也。然而有所谓虚。不以已藏害所将受，谓之虚。心生而有知，知而有异，异也者，同时兼知之；同时兼知之，两也。然而有所谓一。不以夫一害此一谓之壹。心卧则梦，偷则自行，使之则谋，故心未尝不动也。然而有所谓静，不以梦剧乱知谓之静。"《解蔽》。藏者，瑜伽师所谓阿罗耶识。此从真谛译。真谛又译阿梨耶，玄奘则译阿赖耶。今审其音，以阿罗耶为正。本作आलय，玄奘译义为藏识。校其名相，亦可言处，亦可言藏。当此土区宇之义。如山名希麑罗耶 हिमादान，希摩为雪，阿罗耶为处，合之为希麑罗耶，译言雪处，亦得译为雪藏。又凡人所居室，并以阿罗耶名。①谓其能藏、所藏、执藏。持诸种，故为能藏矣；受诸熏，故为所藏矣；任诸根，故为执藏矣。若圜府然，铸子母之钱以逮民，民入税，复以其钱效之圜府，圜府握百货轻重，使无得越，故谓之藏。能藏、所藏，书之所谓志也。志即记志之志。而藏识者无覆。《成唯识论》。无覆故不以已藏害所将受。异者，瑜伽师所谓异熟。异熟有三。孙卿之言当异类而熟也，以藏识持诸种，引以生果，名异熟识，而六识名异熟生。异类而熟，官有五根，物有五尘，故知而有异。凡人之知，必有五遍行境，谓之触、作意、受、想、思。解见《原名》。五遍行者，与阿罗耶识相应。当其触受，色、声、香、味、触，可以同时兼知也。验之燕游饮食者，持觞以手，歠之口，臭之鼻，外接技乐歌儿，物其仪

---

① 章氏墨笔增补：故真谛所译《转识论》云："阿梨耶识亦名宅识，一切种子之所栖处，亦名藏识，一切种子隐伏之处。"

容，闻其奏诵，则耳目兼役之。五者辐凑以至于前，五官同时当簿其物，虽异受，大领录之者，意识也。内即依于阿罗耶识。不愆期会，与之俱转，故曰不以夫一害此一。《瑜伽师地论》五十一云："云何建立阿赖耶识与转识等俱转转相？谓阿赖耶识，或于一时唯与一种转识俱转，所谓末那。何以故？由此末那，我见、慢等恒共相应，思量行相，若有心位，若无心位，常与阿赖耶识一时俱转，缘阿赖耶识以为境界，执我起慢，思量行相。或于一时与二俱转，谓末那及意识。或于一时与三俱转，谓五识身随一转时。或于一时与四俱转，谓五识身随二转时。或时乃至与七俱转，谓五识身和合转时。""如诸心所法，虽诸心所法，性无有差别。然相异故，于一身中一时俱转，互不相违，如是阿赖耶识与俱转识，于一身中一时俱转，当知更互亦不相违。又如于一瀑流有多波浪，一时而转，互不相违。又如于一清净镜面有多影像，一时而转，互不相违。如是于一阿赖耶识，有多转识，一时俱转，当知更互亦不相违。又如一眼识于一时间，于一事境，唯取一类，无异色相，或于一时顿取，非一种种色相，如眼识于众色如是，耳识于众声，鼻识于众香，舌识于众味亦尔。又如身识，或于一时顿取，非一种种触相。如是分别意识，于一时间或取一境相，或取非一种种境相，当知道理亦不相违。"按：五遍行境，要至想位，方有时期先后，同时不得容两想矣。触作意受，同时得容种种诸觉。非特阿罗耶识为然，即在意识亦尔。今世言心理学者，于此多不能解。不悟五遍行境，前三如面。意识与五识偕行，后二如线，独任意识。故前三有同时俱觉，后二无同时俱觉。今人既不知有阿罗耶识，又不知有五识，独以意识擅识之名。无五识身，而意识可以同时俱觉，宜其困于辞说矣。

庄周亦云："心无天游，则六凿相攘。"《外物》。游者，旌旗之流，流虽多，一属于縿，谓之天游。指縿以拟阿罗耶，指流以拟六识。无阿罗耶，则六根六识相纷挐，斯执藏之说已。凡意之起，有定中独头意识者，有散位独头意识者，有梦中独头意识者，有明了意识者，有乱意识者，独头意识，谓不与五识俱转；明了意识、乱意识，即与五识俱转。梦中独头意识，书之所谓梦也；散位独头意识，书之所谓谋与自行也。心也者，出令而无所受令，故有自禁、自使、自夺、自取、自行、自止。《解蔽》。当其自使，则有所虑画会计，谓之谋。偷而不自使，又不自禁，如纵蝂之在林者，动躁不息，处则思佚荡，手足蹑蹑无所制，谓之自行。按：此即近人所谓盲动、直动。然而阿罗耶识善了别。《成唯识论》。意识有以梦剧乱，是则无乱。按：《荀子》言心，兼阿罗耶、意识。此则其未析处。彼以阿罗耶识为依，足以知道。马鸣有言："心真如相，示大乘体，心生灭相，示大乘自体相用。"《大乘起信论》。此之谓也。故曰："未得道而求道者，谓之虚壹而静。作之，则将须道者之虚，虚则入；将事道者之壹，壹则尽；将思道者之静，静则察。"《解蔽》。旧有误，从《读书杂志》校。作之者，彼意识也。意识有枝、有倾、有贰，不恒虚、壹、静。能虚、壹、静，若则足以体道。按：道者即道，犹之言道体耳。《杂志》以道者为道人，非是。孙卿又曰："心也者，道之工宰也。道也者，治之经理也。"《正名》。其能知八识者矣。"生之所以然者谓之性。性之和所生，精合感应，不事而自然，谓之生。此句性字、生字，旧误倒。性之好、恶、喜、怒、哀、乐谓之情。情然而心为之择，谓之虑。心虑而能为之动，谓之伪。虑积焉，能习焉，而后成，谓之伪。"《正名》。心者兼阿罗耶与意识，性者为末那，末那有覆。《成唯识论》。执我以起慢，谓之恶之本。故曰性恶而心非恶，非恶故为道工宰。生之所以然者谓之性，断性则无生。即释氏所谓断四烦恼也。不然，则有礼义法度，化性而起伪者，使我见伏，弗能使我见断。按：孙卿言性，指生之所以然者，故谓之恶。世人言性无善无恶者，即以心体为性。由其所指之性有异，故立说有殊，其实非有异也。言性善者则反矣。持世之言徵诸此，陈义则高，经事则庳，此亦孙卿之所短也。

庄周说万物之聚散，始于黜帝，中于缘生，卒于断时。黜帝者，先徵诸物，故曰："言之所尽，知之所止，极物而已。睹道之人，不随其所废，不原其所起，此议之所止。""季真之莫为，接子之或使。""在物一曲，夫胡为于大方？"《则阳》。莫为者，万物皆自生。或使者，本诸造物。万物，物也。造物者，非物邪？孰指尺之者？无指尺则无验，是狂举也。造物者，物邪？且复有造之者，如是则无穷。故言有帝者两不立。"乌不日黔而黑，鹄不日浴而白"，无因之论，按：印度无因论师，亦言孔雀种种缬目光明可爱，皆自然生。所以黜帝也。推而极之，"无物不然，无物不可"。"万物皆种也，以不同形相禅，始卒若环，莫得其伦"，《寓言》。则万物皆递化矣。此即达尔文生物进化之说，亦近数论细身轮转之说。"生也死之徒，死也生之始"，《知北游》。则万物皆轮转矣。此即轮回之说。白萝门、庄子、柏剌图皆同，非独释氏也。然则权说以黜帝也，未能过物，故设有待之对。仲尼曰：万物"有待也而死，有待也而生，吾一受其成形，而不化以待尽。"《田子方》。景之谕罔两曰："吾有待而然者耶？吾所待又有待而然者耶？吾待蛇蚹蜩翼耶？"《齐物论》。彼其有待，浮屠谓之十二缘生。缘生，始无明，卒之生死。然无明复由生时覆障，从是寻责始生。以后异熟责前异熟，异熟之初不可尽，所待亦与为不可尽，待可疑也。故曰："莫知其所终，若之何其无命也？莫知其所始，若之何其有命也？"。《寓言》。

若然，始者果不可知，即万论若兔角牛翼矣。是故为设泰初。

"泰初有无，无有无名，一之所起，有一而未形，物得以生，谓之德。未形者有分，且然无间，谓之命。留动而生物，物生成理谓之形。形体保神，各有仪则谓之性。性修反德，德至同于初。同乃虚，虚乃大，合喙鸣，喙鸣合。与天地为合，其合缗缗，若愚若昏，是谓玄德，同乎大顺。"《天地》。则此言德者如也，虽物亦如也。如不自生，于如而有无明，自视若两，是故有所得而生矣，浮屠谓之共无明。有所得，是故有分，浮屠谓之不共无明。有分为物，是故有理，浮屠谓之界，亦曰种子，依阿罗耶，若恶叉聚。本《成唯识论》。"地、水、火、风、空、时、方、我，皆界也。然则有德有分，未有时也。物生成理，则有时。案始有相，相又有名，谓之喙鸣。名者，声之音均诎曲。"《成唯识论》。以是命相，若终古无名者，即道无由以入。本其有名，故与天地合。浮屠志之，曰："若知一切法，虽说无有，能说可说，虽念亦无，能念可念，是名随顺。"《大乘起信论》。而庄周亦谓之大顺。性修反德，德至同于初，谓之合喙鸣。觉者之言，与不觉者之言，非有异也。浮屠有言，希有陀罗尼者，过诸文字，言不能入，心不能量。所以者何？"此法平等，无高无下，无入无出，无一文字从外而入，无一文字从内而出，无一文字驻此法中，亦无文字共相见者。"《大般若经》五百七十二。故曰"其合缗缗，若愚若昏，是谓玄德，同乎大顺"矣。虽假设泰初者，亦随顺言说已。"彼物不生，彼理不成，乌得有泰初，夫未成乎心，无是非。"《齐物论》。未成乎心，亦不得有今故。故曰天籁者，"吹万不同，而使其自己"。"旦莫得此，其所由以生"。《齐物论》。知旦莫之所生，起于人心分理，至矣，不可以加矣。为说者曰：有一、有德、有命、有物、有形，皆因与果也。有因果者，必有第次，时若未生，何由以施因果？浮屠小乘通之，曰："诸法于世转时，由位有异，非体有异。如运一筹，置一位名一，置十位名十，置百位名百，虽历位有异，而筹体无异，如是诸法经三世位，虽得三名，而体无别，以依作用，立三世别。"《大毗婆沙论》七十七。此谓以作用故有时，非以时故有作，犹不决。大乘通之，曰因与果者，"如称两头，氐印时等。"《成唯识论》。今物在衡一端，一端重，故俛。俛，故彼一端仰。以此俛故彼仰，俛者为因，仰者为果。然俛仰非异时，故虽无时，而有因果，谓之恒转。恒者不断，转者不常，夫世人乱于暗醷之物，强阳之气，不知其反。圣人者兼爱之，故兼觉之，虽然，宇之所际，宙之所极，"有穷则可尽，无穷则不可尽。有穷无穷，未可知，则可尽不可尽，未可知"，"而必人之可尽爱也，誖"。墨子释之，以为无穷，不害兼。《经说》上下。其义不究，故设未有天地之问。由第一义计之，无古无今，无始无终，三世者，非实有也。"由世俗计之，古犹今也，时不尽，故圣人之爱人终无已者，亦乃取于是者也"。《知北游》。浮屠所谓"摄化众生""尽于未来"。《大乘起信论》。虽然，庄周方内之圣哲也。因任自然，惟恒民是适，不务超越，不求离系，故曰："若人之形，万化而未始有尽，乐不胜计。"《知北游》。虽足以斥神仙，轻生死，若流转无极何？此亦庄周之所短也。

　　惠施历物之意，庄周曰："其道舛驳，其言也不中。"又毁其徒，谓之"饰人之心，易人之意，能胜人之口，不能服人之心"。观其所述，惠施持十事。辩者与惠施相应，持二十一事。《天下》。辩者之言，独有飞鸟、镞矢、尺捶之辩，察明当人意，目不见，指不至，轮不蹍地，亦几矣。其他多失伦。夫辩说者，务以求真，不以乱俗也。故曰狗无色可，云白狗黑则不可。名者，所以召实，非以名为实也。

故曰析狗至于极微，则无狗可，云狗非犬，则不可。观惠施十事，盖异于辩者矣。本事有十，约之则四，四又为三。

一事：至大无外，谓之大一；至小无内，谓之小一。又曰无厚不可积也，其大千里。此故为𫍲，以见趣也。大未有不可斥，小未有不可分，虽无利器致之，校以算术可知也。诸在形者，至小为点，《白萝门书》谓之频度 विन्दु，引点以为线，谓之彤佉 रेखा，比线以为面，谓之娑摩角那 त्समकोन，累面以为体，谓之瀚伽 अंग。点者，非自然生，犹面之积已。故因而小之，点复为体，谓之小一可也。点复可析，累下而点无尽，以为无内，非也。因而钜之，体复为点，谓之大一，可也。体复可倍，累上而体无尽，以为无外，非也。今夫言极微者，《顺世胜论》以为无方分。无方分者，谓之因量极微。极微著见为子微，以为有方分。有方分者，谓之果色极微。前者今通言原子，后者今通言分子。果色极微，书之所谓小一也。因量极微，书之所谓无厚也。浮屠难之，曰诚无方分，日光照柱，何故一端有荫，承光发影，必有方分，明矣。有方分者，则有上下四极，是为六际。一不为六，六不为一，以六为一，不可。约《瑜伽师地论》《佛性论》《成唯识论》说。惠施固知之，言无厚不可积，又称其大千里。不可积者，尚无杪忽，安得千里哉？要以算术析之，无至小之倪，故尺度无所起。于无度，立有度，是度为幻。度为幻，即至大与至小无择，而千里与无厚亦无择。《白萝门书》道瓢末 वयोम 之空与特萝骠 द्रव्य 之实相受。瓢末，今此为空间、真空，特萝骠，今此为实。瓢末分刌节度，不可量，故特萝骠分刌节度，亦不可量。若画工为图矣，分间布白，杂采调之，使无高下者，而有高下，使无窒突者，视之窒突。故曰天与地卑，卑借为比。山与泽平，是分齐废也。我知天下之中央，燕之北，越之南是也，是方位废也。南方无穷而有穷，是有际无际一也。连环可解，是有分无分均也。

二事：日方中方睨，物方生方死。诸言时者，有过去、见在、未来。过去已灭，未来未生，其无易知，而见在亦不可驻。时之短者，莫如竭萨那。旧译刹那。按文本作 क्षण，旧译简尔。而竭萨那非不可析，虽析之，势无留止。方念是时，则已为彼时也，析之不可尽，而言有时，则是于无期立有期也。势无留止，而言是时，则彼是无别也。故虽方中、方睨、方生、方死，可。诸有割制一期，命之以今者，以一竭萨那言今，可。以一岁言今，犹可。方夏言今岁，不遗春秋，方禺中言今日，不遗旦莫，去者来者，皆今也。禺中适越，餔时而至，从人定言之。命以一期，则为今日适越矣。分以数期，则为昔至越矣。以是见时者，唯人所命，非有实也。按："今日适越而昔来"，《齐物论》作"今日适越而昔至"。是"来"训"至"也。

三事：大同而与小同异，此之谓小同异。万物毕同毕异，此之谓大同异。物固无毕同者，亦未有毕异者。浮屠之言，曰从一青计之，以是青为自相，以凡青为共相，青同也。以凡青为自相，以赤、白、黄、紫为共相，显色同也。以显色为自相，以声、香、味、触为共相，色聚同也。色聚之色，谓诸有对者，皆名为色。以色聚为自相，以受、想、行、识为共相，法同也。本《成唯识论述记》说。无毕同，故有自相。无毕异，故有共相。大同而与小同异，此物之所有。万物毕同毕异，此物之所无。皆大同也，故天地一体，一体故泛爱万物也。惠施之言，无时、无方、无形、无碍，万物几几皆如矣。椎捣异论，使齑粉破碎，己亦不立。唯识之论不出，而曰万物无有哉？人且以为无归宿，故天命五德之论，斩而复孳，己虽正，人以为奇佹，驺子、南公虽僻违，人顾谓之眇道。按：骀衍深疾公孙龙之论，盖阴阳家与名家相忌也。延及汉世，是非错鳌矣。汉世经师，率兼阴阳。名家之传遂绝。此亦惠施之所短也。

　　尚考诸家之见，旁皇周浃，足以望先觉，与宋世鞅掌之言异矣。然不能企无生而依违不定之聚者，为其多爱，不忍天地之美。虽自任犀利，桀然见道真，踌躇满志则未也。印度虽草昧世，《焱渴吠陀》主有神，已言其有无明，不自识知，从欲以分万类矣。案：印度旧教本有神，而与犹大、阿罗比耶言有神者绝异。彼以造物归美于神，此以造物归过于神，故吠檀多家得起泛神之说，异夫二教之诳曲也。其后明哲间生，至于浮屠，虽精疏殊会，其以人世幻化一也。中夏唯有老子，明天地不仁，以万物为刍狗，犹非恶声。按：老子本言"失德而后仁"，是不仁非恶名也。高者独有随化，不议化之非，固稍庳下。庄周所录，惟卜梁倚为大士。周数称南郭子綦，言吾丧我，则是入空无边处定也。《大毗婆沙论》八十四云：法尔初解脱色地，名空无边处。依等流故。说此定名空无边处，谓瑜伽师从此定出，必起相似空想现前。曾闻苾刍出此定已，便举两手扪摹虚空。有见问，言汝何所觅？苾刍答曰：我觅自身。彼言汝身即在床上，如何余处更觅自身？此即"吾丧我"之说。其师女偊自言无圣人才，有才者，独卜梁倚。守而告之，参日外天下，七日外物，九日外生。已外生矣，而后能朝彻，朝彻而后能见独，见独而后能无古今，无古今而后能入于不死不生。《大宗师》。此其在远行地哉？案：外天下至于外生，则生空观成矣。朝彻，见独，至于无古今，则前后际断，法空观成矣。凡二乘，皆有生空观，无法空观。大乘有法空观者，非至七地，犹未能证无生，此既成法空观，又入于不死不生，故知为七地尔。又彼下云其为物，无不将也，无不迎也，无不毁也，无不成也，其名为撄宁。撄宁者，撄而后成者也。所谓物者，谓如来藏，随顺法性，故无不将迎。一切染法不相应，故无不毁。究竟显实，故无不成。依本觉有不觉，依不觉有始觉，故撄而后成。晋宋古德，意以庄周傅般若，诚多不谛。隋唐诸贤，必谓庄氏所言悉与大小乘异，亦为不称。如其所述卜梁倚事，虽欲立异，何可得耶？子綦既不逮，庄周亦无以自达。惜夫！然七国名世之流，其言挥绰，下本之形魄，其上至于无象，卒未有言气者。言气多本之阴阳、神仙、医经之说，非儒、道、名、法所有。道家书可见者，今尚有《列子》，而《天瑞》篇有大素等名，又云"《易》变为一，一变为七。七变为九"，皆近《易》纬之说。晚周道家，必不为此沾滞之论也。故疑《列子》本书已亡，今本乃汉末人所伪作。又《淮南》亦依托道家，尤多言气，此所以异于晚周。《淮南鸿烈》，兼说《庄子》。《文选·入华子冈》诗注引淮南王《庄子略要》，曰："江海之士，山谷之人，轻天下细万物，而独往者也。"司马彪曰："独往，任自然，不复顾世也。"按：据《经典释文》，司马彪所注《庄子》五十二篇，视郭象多十九篇，乃《七略》之旧。盖淮南为《庄子略要》，即为杂篇之一，故彪得注之也。今其书已不传。自汉任阴阳之术，治《易》者与之糅，中间黄巾祭酒之书，浸以成典，讫于宋世，儒者之书盈箧，而言不能舍理气，适得土苴焉。

（见于《国故论衡校定本》，收入《章太炎全集（五）》，第305—316页）

辨　性

万物皆无自性。自性者，不可变坏之谓，情界之物无不可坏，器界之物无不可变，此谓万物无自性也。黄垆、大海、燋火、飘风，则心之荫影也。公孙尼子曰："心者，众智之要，物皆求于心。"《意林》及《御览》三百七十六引。其言有中。无形而见有形，志与形相有则为生。生者于此，生之体于彼，说缘生者，假设以为性。而儒者言性有五家：无善无不善，是告子也；善，是孟子也；恶，是孙卿也；善恶混，是杨子也；善恶以人异，殊上中下，是漆雕开、世硕、公孙尼、王充也。此即韩愈"三品"之说所本。五家皆有是，而身不自明其故，又不明人之故，务相斩伐。调之者又两可。独有控名责实，临观其上，以析其辞之所谓，然后两解。人有八识，其宗曰如来藏。以如来藏无所对，奄忽不自知，视若胡越，则眩有万物。物各有其分职，是之谓阿罗耶。阿罗耶者，藏万有，既分即以起末那。末那者，此言意根。意根常执阿罗耶以为我，二者若束芦，相依以立，我爱、我慢由之起。意根之动，谓之意识。物至而知接，谓之眼、耳、鼻、舌、身、识。彼六识者，或施或受，复归于阿罗耶，藏万有者，谓之初种。六识之所归者，谓之受熏之种。诸言性者，或以阿罗耶当之，或以受熏之种当之，或以意根当之。

公孙龙曰："谓彼而彼，不唯乎彼，则彼谓不行；谓此而此，不唯乎此，则此谓不行。"《名实论》。由是相伐。孙卿曰："生之所以然者，谓之性。"夫意根断，则阿罗耶不自执以我，复如来藏之本，若是即不死不生。生之所以然者，是意根也。孟子虽不言，固弗能异。意根当我爱我慢，有我爱，故贪无厌；有我慢，故求必胜于人。贪即沮善，求必胜于人，是审恶也。孙卿曰："从人之性，顺人之情，必出于争夺。"合于犯分乱理而归于暴，斯之谓恶。我见者，知人人皆有我。知之，故推我爱以爱他人，虽非始志哉，亦不待师法教化。孟子曰："今人乍见孺子将入井，皆有怵惕恻隐之心。"是审善也。极我慢者，耻我不自胜，于我而分主客，以主我角客我。我本无自性，故得如是。按：《瑜伽师地论》十二云：胜有五种：一、形夺卑下，故名为胜。谓如有一以己胜上工巧事，形夺他人，置下劣位。二、制伏羸劣，故名为胜。谓如有一以己强力摧诸劣者。三、能隐蔽他，故名为胜。谓瓶盆等能有覆障，或诸药草、咒术、神通，有所隐蔽。四、厌坏所缘，故名为胜。谓厌坏境界，舍诸烦恼。五、自在回转，故名为胜。谓世君王随所欲为，处分臣仆。按第一、二、五种胜，皆以我慢慢人。第四种胜，以我慢自克。厌坏所缘者，五识以五尘为所缘，意识以一切名相为所缘，意根则以我为所缘。自以胜人，亦不自胜也。胜之，则胜人之心解，孙卿谓之礼义。义即今仪字。辞让，是无恶也。夫推之极之皆后起，弗可谓性。然而因性以为是，不离其朴。是故爱之量短而似金椎，慢之量缺而似金玦，镕之引之，不异金而可以为环，孟子以为能尽其才，斯之谓善。大共二家皆以意根为性，意根一实也。爱慢悉备，然其用之异形，一以为善，一以为恶，皆趎也。我爱、我慢，可以为善，可以为恶。故《唯识颂》谓意根为无记，二家则分言之。悲孺子者，阅人而皆是。能自胜者，率土而不闻，则孟、孙不相过。孟子以不善非才之罪，孙卿以性无善距孟子，又以治恶比于烝矫檃厉，悉蔽于一隅矣。方苞举元凶劭、柳璨临刑时语，以证人性本善。此不足证也。善与知善有异。人果受学，虽有恶性，亦知善恶之分。劭固好读史传，而璨且著《析微》以正《史通》，为时所称，宁当不明人伦之义、忠孝之教？即当其弑父负国之时，已自知凶顽无比，覆载不容矣，无待临刑也。知而为之，不足证其性善，但足证其智明耳。《论衡·本性》篇云："陆贾曰天地生人也，以礼义之性，人能察己所以受命则顺，顺之为道，夫贪者能言廉，乱者能言治。盗跖非人之窃，庄蹻刺人之滥，明能察己，口能论贤，性恶不为，何益於善？"陆贾之言，未能得实。此则方说早为昔人所破。

告子亦言生之谓性。夫生之所以然者谓之性，是意根也。即生以为性，是阿罗耶识也。阿罗耶者，未始执我，未始执生。不执我，则我爱我慢无所起，故曰无善无不善也。虽牛犬与人者，愚智有异，则种子之隐显殊耳。彼阿罗耶何以异？以匏瓜受水，实自匏瓜也，虽其受酒浆，非非匏瓜也。孟子不悟己之言性与告子之言性者异实，以盛气与之讼。告子亦无以自明，知其实不能举其名，故辞为之诎矣。杨子以阿罗耶识受熏之种为性。夫我爱、我慢者，此意根之所有，动而有所爱、有所慢，谓之意识。意识与意根应，爱、慢之见，熏其阿罗耶。阿罗耶即受藏其种，更迭死生，而种不焦敝。前有之种，为后有之增性，故曰善恶混也。夫指穷于为薪，而火不知其尽，形气转续，变化相嬗，故有忽然为人，忽然犹言暂尔，非谓无因而至也。亦有化为异物。轮转之说，庄生、贾谊已知之矣。杨子不悟阿罗耶恒转，徒以此生有善恶混，所以混者何故？又不能自知也。漆雕诸家亦以受熏之种为性，我爱、我慢，其在意根，分齐均也，而意识用之有偏胜。故受熏之种有强弱，复得后有，即仁者、鄙者殊矣。虽然，人之生，未有一用爱者，亦未有一用慢者。慢者不过欲尽制万物，物皆尽，则慢无所施，故虽慢，犹不欲荡灭万物也。爱者不过能近取譬，人搤我咽，犹奋以解之，故虽爱，犹不欲人之加我也。有偏胜，则从所胜以为言，故曰有上中下也。夫尘埃㛃覆则昏不见泰山，建缯帛万端以围尺素，则白者若赤。物固有相夺者，然其质不可夺。漆雕之徒不悟，而偏执其一至，以为无余，亦过也。

问曰：善恶之类众矣。今独以诚爱人为审善，我慢为审恶，何也？答曰：审、谛、真，一实也，与伪反。伪善有数：利人者，欲以纳交要誉，一也；欲以生天，二也；欲以就贤圣，三也；欲以尽义，四也。尽义之说有二：出乎心所不能已者为真，以为道德当然而为之者为伪。此指后说。此皆有为。韩非之《解老》曰："义者，谓其宜也。宜而为之，故曰上义为之而有以为也。"夫三伪固下矣，虽以尽义，犹选择为之，计度而起，不任运而起，故曰伪。诚爱人者无所为。韩非之《解老》曰："仁者，谓其中心欣然爱人也。其喜人之有福，而恶人之有祸，生心之所不能已，非求其报。不求报，则异于前三伪；心所不能已，则异于后一伪。故曰：上仁为之而无以为也。"无以为者，任运而起，不计度而起，故谓之审。

德意志人有萧宾霍尔者，盖知其端兆矣。知有伪善，顾不知有伪恶，其极且以恶不可治。夫有为而为善，谓之伪善。若则有为而为恶者，亦将谓之伪恶矣。今人何故为盗贼奸邪？是饥寒迫之也。何故为淫乱？是无所施写迫之也。何故为残杀？是以人之堕我声誉权实迫之也。虽既足而为是者，以其志犹不足，志不足，故复自迫。此其为恶皆有以为者，是故予之伪恶之名。伪者，谓心与行非同事，虽心行皆非善，而意业与方便异，故曰伪。然而一往胜人之心，不为声誉权实起也。常人之弈棋者，趣以卒日，不求簿进，又非以求善弈名也。当其举棋，攻劫、放舍，则务于求胜。常人之谈说者，非欲以口舌得官，及以就辩士之名也。其所谈说，又内无系于己，外不与于学术政教也。说而诎必辩，辩而不胜必争。人有猝然横逆我者，妄言骂詈，非有豪毛之痛也。又非以是丧声誉权实，当其受詈则忿心随之。此为一往胜人之心，无以为而为之，故予之审恶之名。审善恶者，浮屠以为用性作业；伪善恶者，浮屠以为用欲作业。见《大智度论》八十八。以审善恶遍施于伪善恶，以伪善恶持载审善恶，更为增上缘，则善恶愈长，而亦或以相消，精之醇之。审善审恶，单微一往而不两者，于世且以为无记。是故父子相保，言者不当一匡之仁；局道相斫，见者不拟略人之恶。及为群众，其分又弥异。大上使民无主客尊卑，以聊合釐，以调海内。其次善为国者，舒民之慢，无夺民之爱。舒慢故尊君之义日去，其尊严国体亦愈甚，无夺爱，故不苟人之隐曲也。且国者，本以慢生，故武健胜兵者为右，而常陵轹弱小，杀敌致果，易之则为戮。故审恶且为善，而审善又且为恶。诸自有国以后者，其言善恶非善恶之数也。凡善恶之名，因人而起者，分之则有真善恶、伪善恶。因国而起者，其善非善，其恶非恶，或且相背驰矣。有对于其国之所行，可称为善为恶者，则取人为单位。他不复计。夫伪善恶易去，而审善恶不易去。人之相望，在其施伪善；群之苟安，待其去伪恶。彼审恶者非善所能变也。善兼审善、伪善言之。审善或与审恶相调，令审恶不易现行，如朋友相亲，则伏我慢也。伪善亦或与审恶相调，令审恶不易现行，如惧有死亡之祸，则不敢犯分陵人也。然审恶亦或能对治伪恶，如自贵其身，则不肯苟取藏私也。审善亦或能现起伪恶，如贫者养亲，则盗邻家之积麦也。要之以审善伏审恶，其根不可拔；以审恶对治伪恶，以审善现起伪恶，则其流变无穷矣。然而伪恶可以伪善去之，伪之与伪，其势足以相灭。今夫以影蔽形，形不亡；以形蔽形，形犹若不亡；以影蔽影，则影自亡。如息树下者，以有树影，故无人影，非人影为树影所障，乃其时实无人影也。伪与真不相尽，虽两真犹不相尽，而伪与伪相尽。且伪善者，谓其志与行不相应。行之习，能变其所志，以应于行，又可以为审善，何者？以人性固可以爱利人，不习则不好，习焉而志或好之。若始学者，志以求衣食，习则自变其志，以求真谛，以人性固喜知真谛。此由我见所推而成。故得其嗜味者，槁项食淡，攻苦而不衰。是故持世之言，以伪善羡道人，虽浮屠犹不废。萧宾霍尔不悟，以为恶不可治，善不可勉，以就斯过矣。善恶实无自性，故由伪善亦可以致审善。萧宾霍尔未悟斯义，遂局于自然之说。①

恶之难治者，独有我慢。虽为台隶，擎跽曲拳以下长者，固暂诎耳。一日衣裳壮丽，则奋矜如故。人有恒言，以为善佞谀人者亦善陵人。亦有量人穷通，调度高下者，为之而有以为，犹伪恶也。为之而无以为，横计胜劣，以施毁誉。今远西多有此病，对于强者、富者、贵者，则誉不容口；对于弱者、贫者、贱者，则一切下视之。而已非必有求于所誉者也。其强、其富、其贵或过于所誉者，故曰为之而无以为。即其恶与慢准，惟慢为能胜慢，何者？能胜万物而不能胜我，犹孟贲举九鼎，不自拔其身，力士耻之。彼忧苦者我也，淫湎者我也，懈惰者我也，矜夸者我也，傲睨者我也，而我弗能挫衄之，则慢未充，是故以我慢还灭我慢，谓之上礼。韩非之《解老》曰："众人之为礼以尊他人，故时劝时衰。君子为礼以尊其身，故神之为上礼。上礼神而众人

①　章氏增补：注：此土庄生，亦或病此，惟支遁说《消摇游》有异。刘系之等谈《消摇》篇，云各适性以为消摇，遁曰："不然。夫桀、跖以残害为性，若适性为得者，彼亦消摇矣。"庄生辞趣华深，正言若反，遁之所言，或会微旨。

贰，上礼者，不以尊卑贵贱异礼也，不可为国，故众人贰。故不能相应"，"众人虽贰，圣人之复恭敬，尽手足之礼也不衰，故曰攘臂而仍之。"①上礼与谄何异哉？假令平人相遇，无强弱、贫富、贵贱之校者，跪拜以送之，颂说以誉之，芬香以献之，鞠躬翼戴，比于臣仆，虽似谄则谓之长德也。谄者计胜劣，上礼者无胜劣之计，故正势而行谓之谄，正节而行谓之上礼。韩子《解老》说上礼与礼异。凡君臣之礼，谄之类也。故曰"礼者，忠信之薄，而乱之首"也。上礼则异是。上礼者，固以自为。唯孔子亦曰克己复礼，浮屠有忍辱，皆自胜也。持戒精进，亦由自胜生，持戒以胜淫洇，精进以胜懈惰。禅定亦由自胜生，以胜忧苦。卒言其极，非得生空，观慢不灭。善之不可灭者，独有诚爱人，虽食肉之兽不绝也。犷而充之，又近伪善矣。知万物为一体，其充生于不能已者，善之至也。至于无生，而善复灭矣。

问者曰：世之高士，不降其志，不辱其身。齐有饿人者，闻嗟来则不食；鲁有臧坚者，刑人吊之，以杙抉其创死，此为以我慢伏我爱，未审善也。而前修以为卓行。今宜何论？应之曰：高士者，亡贵其慢，贵其寡情欲。诸有我见者，即有我所有法，身亦我所有法也。摄受于身者，卒之摄受于我。以爱我故爱我所有，淫声色，渀滋味，有之不肯去，无之而求给，则贼人所爱，慢又助之。歆色者，且欲妻宓妃，歆声者，欲使白虎鼓瑟、苍龙吹篪，虽不可得，犹有欲求也，几可以得之者。无掊损人可得哉？治以工宰，工宰又愈贼人。如因政

---

① 章氏增补：注：韩康伯《辩谦》曰："至理在乎无私，而动之于降已者何？诚由未能一观于能鄙，则贵贱之情立；非忘怀于彼我，则私已之累行。当其所贵，在我则矜；值其所贤，能之则伐。……是以知矜贵之伤德者，故宅心于卑素；悟骤称之亏理者，故情存乎不言。岂惟逃患于外，亦所以洗心于内也。"斯与韩非立义稍殊，然以谦让之道，本在自厉，非随世伪为之，其旨相似。

府又起赋税诸法，其流无已。彼高士者，以我慢伏我爱，我慢量少，伏我爱之量多，短长相覆，是故谓之卓行。大上有许由、务光之让王，其次不臣天子，不友诸侯，内则胜贪，外之使人知工宰为世贼祸，足以仪法。其德辟恶，其业足以辟增上恶缘，世之言卓行，不惟审善，虽辟恶亦与焉，故阿巍非香也，臭之不可于鼻，用足以辟诸腐臭，故准之香，自由、光而下者，虽有少慢，其辟恶固优矣。精洁如由、光，又无慢者，非阿巍之比，而犀角之比。犀角食之无益人，不得与上药数，以其辟毒，则准之上药。是故诸辟恶者，不为审善，以伏审恶，则字之曰准善。饿人、臧坚，视由、光已末矣，其慢犹少，其伏我爱犹多，诚未清净，若白练有小点者。世无大士，则高士为其甲。若夫不忍货财妃匹之亡，而自狸以为快者，其爱我所有法甚，其爱我亦愈甚。不遂故自贼，犹以醒醉解忧也，故世亦莫之贵。

问者曰："意根有我爱，易知也。何故复有我慢？"应之曰：当其有阿罗耶识，即有意根矣，故曰束芦。意根者，生之所以然。有生不能无方分。方分者，不交相涉，以此方分，格彼方分，此我慢所以成。非独生物也，蓬颗、野马，常自以己之方分距异物，使不前，一玉屑一芥子而不相受。假令无我慢者，则是无厚。无生者不自立，有生者无以为生，故我慢与我爱交相倚也。若宝剑之有文铙矣，如浮脂不可脱，如连珠不可掇。以为一邪，抗下异节；以为二邪，其荣满侧。及其用之，我慢足与他人竞，我爱足与他人和，其趣则异，是何也？自执有我，从是以执他人有我，慢之性使诸我相距，爱之性使诸我相调，调与距虽异，其趣则然。昔者项王意乌叱咤，千人俱废，然见人慈爱妪妪，人有疾痛，为之涕泣和药。今有大侠遇盗于涂，角力者杀之，乞命者即矜而活之。师子至暴也，一鹿之肉，给其日食有余，然独憙杀象者，以其力之多，见人蒲伏其前，则经过不搏。麒麟为仁矣，不杀虫蛾，遇师子即引足踶跌，令辟易数十丈死。是故爱慢异流而同其柢，然而爱不足以胜慢矣。惟慢胜慢，故上礼不以为情貌，以自攻拔其身。此与孙卿矫饰之说不同，极我慢以治我慢，非由矫也。亦与康德所谓绝对之命令不同，彼谓知善，故施此命令，此谓由我慢之念而极之，犹壮士求自举其身。夫以我胜我，犹有我慢之见也。彼大士者，见我之相胜，以知我之本无。若本有我，则我不为二，我不为二，则无以我胜我之理。益为上礼，使慢与慢相尽，则审恶足以解。浮屠喻之以梦渡河。谓如梦中见有大河横距行径，即奋跃求越过，正奋跃时，其梦即寤，实无有河，亦无有奋跃事。然非奋跃，则梦亦不能寤。然则孟子、孙卿言性也，而最上者言无我性。亲证其无我性，即审善审恶犹幻化，而况其伪乎！孔子曰："生而知之者上也，惟上智与下愚不移。"此亦计阿罗耶中受熏之种也。熏之者意识，其本即在意根。人心者，如大海。两白虹婴之，我见、我痴是也；两白蛟婴之，我爱、我慢是也。彼四德者，悉依隐意根。由我见，人有好真之性。亦以我爱为增上缘。惟我见则无情好。真略分五：一曰实，二曰如，三曰成，四曰常，五曰明了。主观之念，适当客观；客观之境，适当主观。谓之如。好奇、好巧，皆好如也。怀旧之念，由好如及好适中、好同和合所成。憙旧想复现者，由好如、好明了和合而成。由我爱，人有好适之性。适分为四：一曰生，二曰安。安复分八：一亭隐，二饱，三润，四暖，五清凉，六动，七逸，八通利。好速之念，由好动、好通利挲乳。三曰美。美复分七：一净，二丽，三韵，四旨，五芳，六柔，七法处所摄美。四曰同，此即合群之念所起，好善之念亦由此挲乳。由我慢人，有好胜之性。好名之念，由好胜及好适中、法处所摄美和合所成。如上三事，摄人生所好尽。昔希腊学者分真善美三事，为人情所同好。此实短拙，故今分别如此。其详别见。此诸位者，或互为助伴，亦互相折伏。由此人情好尚，种种不定。

责善恶者于爱慢，责智愚者于见痴，我见者与我痴俱生。何谓我痴？根本无明则是。以无明不自识如来藏，执阿罗耶以为我执，此谓之见，不识彼谓之痴，二者一根，若修广同体而异其相。意识用之，由见即为智，由痴即为愚，智与愚者，非昼夜之校，而巨烛、熅火之校，痴与见不相离，故愚与智亦不相离。上智无痴必无我见也，非生而具之。下愚者，世所无有。诸有生者，未有冥顽如瓦砾者矣。浮屠言一阐提者，亦谓其性最恶，非谓其性最愚。尝试以都最计之。世方谓文教之国其人智，蜒生之岛其人愚，彼则习也，非性。就计所习，文教国固多智，以其智起愚，又愚于蜒生之人。何者？世之恒言，知相、知名者为智，独知相者，谓之愚。蜒生之人，五识于五尘，犹是也。以不具名，故意识鲜通于法，然诸有文教者，则执名以起愚，彼蜒生者犹舍是。

一曰征神教。蜒生者，事牛、耿龟，以虺易为灵蛇，而文教者，或事上帝。由慢计之，事上帝则优，事牛、虺、耿龟则劣；自见计之，上帝不可验，而牛、虺、耿龟可验，其言有神灵，皆过也。一事可验，一事不可验，则蜒生者犹少智。何以明之？今有二人，一谓牛角能言，一谓马角能言，其过则等。牛角虽不能言，固有牛角，其过一；马角者，非直不能言，又无马角，其过二。故以马角为能言者，视以牛角为能言者，其愚以倍。

二曰征学术。蜒生者之察万物，得其相，无由得其体；虽得之，不横以无体为体。有文教者，得其体矣，大上有唯识论，其次有唯物论。识者以自证而知，物者以触受而知，皆有现量，故可就成也。凡非自证及直觉、感觉所得者，皆是意识织妄所成。故不能真知唯识者，宁持唯物。唯物亦有高下二种。高者如吼模，但许感觉所得，不许论其因果，此即唯识家之现量也。其次虽许因果，尚少织妄，而世人不了唯识，有谓任意妄称，虽无亦可谓之有者。近日本有妄人笕克彦，以此成其法理之学，重绁虵缪，不知其将何底也？计唯物者，虽不知圆成实性，犹据依他起性。最下有唯理论师，以无体之名为实，独据遍计所执性，以为固然。无体之名，浮屠谓之不相应行。非心非物，故曰不相应行。《成唯识》有不相应行二十四种。康德所说十二范畴，亦皆不相应行也。意识用之，以贯万物，犹依空以置器，而空不实有。海羯尔以有无成为万物本，笛佉尔以数名为实体，此皆无体之名。庄周曰："名者实之宾。"《消摇游》。尹文曰："有形者，必有名；有名者，未必有形。"《大道上》。今以有名无形者为实，此蝡生者所不执也。浮屠言真如者，《成唯识论》云，真如即是唯识实性，以识之实性，不可言状，故强名之曰如。若执识外别有真如者，即与计有无为实物者同过。又，此土学者或立道，或立太极，或立天理，要之非指物即指心，或为综计心物之代语，故亦无害，若谓心物外别有道及太极、天理者，即是妄说。

三曰征法论。蝡生者，独以酋长为神，国皆酋长产也。虽粗有文教者，犹以君为国家。文教益盛，谓君长、人民、土地，皆非国，而国有其本体，由爱计之，独主君则民病，以国为主而民少纡，夫论物者宜弃捐善恶利害之见，和精端容，实事以效是，然则病民与否，非其所宜计也。由见计之，君犹实有而国家非实有，即钩校其诚者，国固无系君，顾一国人之总业耳。凡事有总业者，有别业者。别业者，以一人之力就之，农耕、裨贩是也；总业者，集数人之力就之，家乎，市乎，乡曲乎？最大则为国。是故农贾非实有也，实之谓人，业之谓农贾。不了此义，故名家有杀盗非杀人之说，是以业为实也。家市乡曲亦然，有土有器有法，土者，人所依，器与法者，人所制，故主之者曰人。今曰国家，有自体，非君长、人民、土地，若则曰市非钱布、化居、人民、廛舍也，而自有市之体，其可乎？近世法家，妄立财团法人、社团法人之名，此皆妄为增语。虽然，名之曰法人，则本非实人也，此与果实名人何以异？家、市、乡曲之与国，或以字养，或以贸迁，或以保任，或以布政用师；其业不同，校其实即同。所以殊名者，以业起不以实起。不辨实业之分，以业为体，犹舍心与形躯而言人有荧魂。或曰国者有作用，故谓之有，是不然，以君长假国为号然后作，非国自能作。若巫师假鬼以为号，然后有祠堂禜禳，而巫师亦得糈，彼鬼者，能自作乎？以国家有作用，而鬼亦有作用，因是以国家为实有，是鬼亦实有耶？或曰凡人默自证，知我为是国人也，以自证，故谓国有。是不然，知为是国人者，非自证也。人自证，有识者不待告教。自知为是国人者，待告教，然后辨。以其习闻之，遂有胜解。胜解谓决定不可转移之念。而想滑易，则若自证，譬若人之有姓者，亦默自知之也。然不告教则不知，以国为实有者，彼姓亦实有耶？此又蜎生者所不执也。

四曰征位号。蜎生者，无君臣吏民之号，有之亦亡重轻，有文教者，其位号滋多。今人言名者，或以名有虚实异，声誉之谓虚名，官位之谓实名。夫名则尽虚也，顾以为有实者，得官位足以饱暖，且役使人。得声誉不足以饱暖、役使人，此其业之异矣，于实则奚异？名且言实，则是以影为形也。今之法家皆曰君位实有也，某甲南面者，则表彰之，即如是，弑某甲则不为大逆，与杀凡民均，是何也？则不能弑其君位也。然法律又异等，言法之理与定法之条相反，岂不诪哉！且位者，万物尽有之，亡独人君。以位为实，即以肥羜食客，是充牺位也，牺位实有，而羜表彰之，不知客所欲啖者，其羜耶？妄其欲啖牺位耶？从是以观，以甲飨乙，甲非主乙非客，主位客位皆实有，而甲乙表彰之，凡夫妇、奴主皆准是。从是以推无生诸行，水之在瓺则渠位实有，而清水、浊水表彰之；火之在灶则爨位实有，而桑柘之火、枣杏之火表彰之。然则名实交纽，为戏谑之论矣。此又蜎生者所不执也。

五曰征礼俗。蜎生者，祭则就墓，无主祏之仪；觐则谒君，无画像之容；战则相识，无微识之辨，皆就其体。颇有文教，立之主，设之像矣，又有旌旗矣。主像者，所以系心，不以君亲竟在是也；旌旗者，所以分部曲，不以军府竟在是也。其转执者，或置其君之画像于横舍，莫夜火发，其师既跣足出，返复翼奉其君之像，若救其君之身者，竟以燔死。有两国相争者，状貌素异，虽拔其旗，弗能假以掩袭，然同伍死，则不相救，军旗失则践积尸、冒弹丸以救之，若救其军府。此又蜎生者所不执也。

六曰征书契。蜎生者，或无文字，有之，曰足以记姓名簿籍而已。有文教者，以文字足以识语言，故曰名者，圣人之符。《群书治要》引《申子》。其转执者，或讳其君亲之名，或刻楮印布以为金币。夫以名为君亲之实，则是书君亲之名，裂之即支解君亲也。刻符可以为币，则是断并闾以为轮，揭巴蕉以为旗，杖白茅以为剑，亦可以为军实也。纸币者，名之为币，其实符券也。以一币一券更相往复，本无所害，而今世作纸币者，必倍其实币之数，此则徒以欺网其民，久之习为故常，故以空券为币矣。今是掷五木者，有卢有雉，卢不可奖以执留，雉不可烹以实鼎，即有用之者，人且以为大戆。今独以讳君亲、用纸币为恒事，则何也？夫国有成俗，语言不可移，故文字不可移，然而文字不以为实，以文为实。此又蝂生者所不执也。由是言之，见与痴固相依，其见愈长，故其痴亦愈长，而自以为智者，诚终身不灵哉？

问者曰：人若无见，即如灰土矣。今见愈长，而痴从以长，是终无正见之期也？应之曰：人之见自我见始，以见我，故谓生物皆有我，亦谓无生者有我。我即自体。由是求真，故问学思虑应之起。其以为有我者，斥其实不斥其德业，故有一石焉，扪之即得坚，视之即得白，坚与白其德也，而终不曰坚白，必与之石之名者，其念局于有实也。故诸有相可取者，取相不足，必务求其体，从是有学术而其智日益驰骋，从是不知止又不知返，其愚亦益驰骋。何者？名起于想，所想有贞伪，以想如自证、触受之量为贞，以想不如自证、触受之量为伪。名之如量者，有若坚白。其不如量者，有若石。又远曰此石彼石，又远曰石聚，又远则从其聚以为之号。明和合之为伪，假以通利虑宪，即无害。所以必假伪名以助思虑者，以既在迷中，不由故道，则不得返。尝闻声论师波腻尼之言矣，诸名言自体为什匏咤 हाकार 。什匏咤者，应于青为青，应于赤为赤，应于然为然，应于否为否。彼特以自心相分为主，而不执所呼者有体，斯可也。然则名言之部分实、德、业，使不相越，以实、德、业为众同分，众同分者，谓人所同然。实、德、业三，凡人思慧皆能别之，故曰众同分。约定俗成，故不可陵乱。假以实、德、业论万物，而实不可为德、业，德、业亦不可为实。譬如建旗，假设朱雀、螣蛇、北斗、招摇之象，而不可以相贸。知其假设，而随顺之之为正见，不知其假设而坚持之，谓之倒见。诚斯析之，以至无伦。坚白可成，石犹不可成。何者？实不自表，待名以为表。德者，无假于名，故视之而得白，扪之而得坚，虽瘖者，犹得其相。至于石，非名不起也，执有体，故有石之名，且假以省繁辞，是何故？以有坚白者，不唯石，如是坚，如是白，其分齐不与佗坚白等。道其分齐，则百言不可尽，故命以石之名者，亦以止辞费。知之，虽言石固无害，不知者执以为体。自心以外，万物固无真；骛以求真，必与其痴相应，故求真亦弥以获妄。虽然，唯物之论于世俗最无妄矣，执增语以为实而妄益踊，是故老聃有言曰："始制有名，名之既有，夫亦将知止。"

（见于《国故论衡校定本》，收入《章太炎全集（五）》，第 316—330 页）

莿汉微言

昔居东时，有人问言："心本真如性，何缘突起无明？"桂伯华举《起信论》风水之喻答之。然水因风而有波，水是真如性，波是生灭心，风乃外来，本非水有，而无明、真如是一心法则。斯喻原非极成，有执是难，桂无以解。余谓马鸣之言容亦有漏。解斯难者，应举例云：如小儿蒙昧，不解文义，渐次修习，一旦解寤。当其既通，与昔未通之心，非是二物。然未通之时，通性自在，喻如真如；当其未通，喻如无明；由塞而通，喻如始觉。同本苟无通性，则终不可通；若无不通之性，何必待学习方知文义邪？虽然，斯例则通达矣，而终不解无明突起之由。余以所谓"常乐我净"者，"我"即指真如心。而此真如心，本唯绝对；既无对待，故不觉有我；即此不觉，谓之无明。证觉以后，亦归绝对，而不至再迷者，以曾经始觉故。复有问言："何时而有无明？"此难较不易释，佛书多言无明无本际，盖为此也。然深思之，故亦有说。时分之成，起于心之生灭，生灭心未起，则时分之相无自建立。因无明而心生灭，因生灭相续而有时分之相，故谓之无始无明。苟谛察之，斯难又无自发矣。盖真如门"言语道断，心行处灭"，一落名言计度，即生灭门摄。故风水微尘瓦器金庄严具等以喻，合法皆不谛当者，以非一切世间有为法所得比拟故也。

弟七识"恒审思量，唯是执我"，此最易验。然常人以为"不遇我对，则我执不见"。不知念念不已，即似无念；念念执我，即似无我。必有非我之色，忽然见前，乃觉有我。实则念念相续，俱是我执，即如出话撰文，毋串成体，足以自达，亦由我执相续，乃至行住坐卧，未尝起想念我，而终不疑是谁行谁住谁坐谁卧，此即末那之用也。

破我执易，破法执难。如时间有无始终，空间有无方所，皆法执所见。此土陆子静辈思之，终不了然，实未达唯识之旨。时间者，起于心法，生灭相续无已。心不生灭，则时间无自建立矣。空间者，起于我慢，例如同时同地不能并容二物。何以不容？则因我慢而有界阈，因界阈而有方所。涤除我慢，则空间亦无自建立矣。

昔人言性者，皆非探本之谈。不知世所谓善恶，俱由于末那识之四种烦嬈。仁为恻隐我爱所推，义为羞恶我慢所变，及夫我见我痴，则不可以善恶言矣。广说亦得言有善恶相应，然以仁义礼智四名并举，即非实说。仁义自是相称，智为是非之心，即属我见。礼者随顺世俗，加行有为之事，其业用与法律同科，与三德不相类也。若言辞让之心，此即慢心负数，而亦摄在羞恶心中，不得并列为四。应言固必之心，诚之端也，属我痴摄，与爱、慢、见列为四相。而是四相，堪为善业，亦非不可为恶业，爱为淫泆，慢为悖悍，见为邪慧，痴为顽嚣。故应说言无记，说言无善无不善，说言决之东方则东流，决之西方则西流。

《涅槃》既说佛性为真我，而《大乘入楞伽经》又说如来藏无我，此之参商，若为和会？案《楞伽》云："大慧白佛言：《修多罗》中说如来藏本性清净，常恒不断，无有变易，在于一切众生身中，为蕴界处垢衣所缠，贪恚痴等妄分别，垢之所污染。外道说我是常作者，离于求那，自在无灭，世尊所说如来藏义，岂不同于外道我邪？佛言：我说如来藏不同外道所说之我，若欲离于外道见者，应知无我如来藏义。尔时世尊即说颂言：士夫相续蕴，众缘及微尘，胜自在作者，此但心分别。"详此文义，外道所说我，体不离五蕴，五蕴是生灭法，不与如来藏相契。是故佛说如来藏，不同外道所说之我。无我如来藏者，即谓如来藏中无有如彼外道所执我相，斯乃正与《涅槃》相成，曷尝自为参商邪？又诸言我外道，通俗种种不同。通俗言我，对彼而说；而此如来藏者，法性一如无有，对待亦且不同。通俗所说之我，若谛言之，有我无我皆不可说。何以故？本有自体，故非无我，非生灭识，非蕴界处，无有对待，故非有我。亦如法身，非有形骸肌肉毛发，岂得说之为身邪？然则弟一义谛，一切言说，皆不相应，惟是随顺假名，示以标的，以诸名字皆依世俗造作，非依真谛造作故。

康德以来治玄学者，以忍识论为最要；非此所得，率尔立一世界缘起，是为独断。而此忍识根本所在，即非康德所能分辨。由彼知有相见二分，不晓自证分、证自证分。故次有洛耆围氏驳之曰："欲忍识此忍识者，还不得不用忍识，是则陷于循环论证。"余以洛耆围氏但晓前二，不晓后二，亦与康德同过。大抵此曹所谓忍识，即是见分，而信解此忍识者，乃自证分。不晓此异，遂谓"忍识此忍识者，还待忍识"。且自证分之与见分，其为忍识虽同，分位即异。今有婴儿堕地，未能自言，而质定此为人类者，谁邪？则其母与乳医也。母与乳医非非人类，以人类质定人类，何故不曰陷于循环论证？由此三者人类则同，分位有异，是故不陷循环论证。彼见分者，喻如婴儿；自证分者，如母、乳医。若知此义，异论可了。洛耆围氏坐不知此，欲于忍识界外，不由阶缘建立一世界观，斯乃独断之甚。前世希腊史多迦派玄学有知此者，其说曰："观念真妄，以何质定？答曰：合于对境事物，是则为真。然其合于对境事物与否，以何方便而能自知？观念真者，当其起时，必有别一观念伴侣而起，为直接之证明，是故观念真妄不待外物证明。"详此所称对境，即是相分；所称观念，即是见分；所称别一观念伴侣而起为直接之证明者，即自证分；即此直接证明之果，即是证自证分。其说优于康德、洛耆围等远矣。然此所论犹未穷了，以成就俗谛者，依分别智忍识；成就真谛者，依无分别智忍识故。

吾辈说佛学，与沙门异撰：入道阶位，非亲自证得者，不说；神变之事，非今日可目验者，不说；圆通之谈，随事皆可附会者，不说。今世竞重科学，言必征实，徒陈侈大，未足厌望。是故被机起信，莫如大乘《起信》《楞伽》《深密》及相宗诸论。弥勒当来下生，佛有豫记，由今观之，其端兆亦可识矣。

佛书纪神变，如大地震动、天雨华等，惟心所见，故亦可尔。然众经多载是言，必非事实，要是记者形容逾溢之辞。盖梵土文章，不长叙事，是以至今无史。其叙事率如辞赋之言，铺张扬厉，不以为怪。执者以为事实，凿者又云托事喻理，此皆不谙文体之过也。岂独西土，中夏《春秋》以前记述之文，皆非直叙，如《书》称"祖考来格""凤皇来仪""百兽率舞"，凤之来，兽之舞，事所或有，"祖考来格"，谁其见之？古人文拙，记事多有比况，《左氏》以下始免此失尔。

佛书言体、相、用，由胜论实、德、业转变其名耳。自有生无生诸行，上及真如，无不具此三事。然台宗末流于经论稍有滞著，即以此三笼罩，转益浮辞，无补实义，即佛家之对策八面鎞矣。

问：今人或言：禅宗必无证道之分，以三乘圣者皆见神变，而禅宗不见故。此之为说，得无与定宇、渊如同病邪？答曰：此其愚谬又甚于定宇、渊如矣。今此器界所以不可改移者，以众生同业所见故也。神变所见，如左胁出火，右胁出水之类，虽非全部众生同业所见，犹是一类众生同业所见。顷者世谛愈精，信神变者愈少，既无业感，虽有圣者亦何能示见乎？今世沙门，达者诚少，但以说法及行住坐卧观之，已可睹矣。以无神变谓非圣果，则眩人幻师皆三乘圣者邪？问曰："若今世众生无此业感，何以眩人幻师偏能示见？"答曰：眩人幻师所为，人知其非真实，非圣道也。三乘圣果所为，凡夫以为圣道，实然而能感见。故眩幻可见，圣者所为不可见矣。问曰："世谛精者，莫如今之物理学耳。若如前说，是世谛愈精，真谛愈障邪？"答曰：此亦不然。上圣深达唯心，尚不执同业所感器界为真，岂执别业所感器界为真？今之物理学者，但明同业所感器界而已，其说电子、原子，明言假定。非如胜论执着极微为实，亦何障于真谛邪？一类居士深疾此学，不知唯物论宗说至极端，尚即唯心见量，况物理学者并无唯物论宗之执着邪？吾以善接引者不然也。

佛家戒律，因事制法，与此土邦典无殊。印度分地而治，小国寡民，法师之尊，远过于国王大臣。比丘白衣，有贡高我慢，而无谄事正长，故居士五戒，不豫设此条也。此土情实有异，徒以律无阿媚之戒，学佛者无间缁素，皆藉护法之名，谄媚国王大臣，以睎求名闻利养，而贡高我慢者绝焉。是故不知社会情状者，不可以学佛。

（《菿汉微言》跋，1917 年，见于《章氏丛书》；收入《章太炎全集（七）》，第3—16 页）

菿汉昌言

乾以资始而行健，坤以得主而有常。乾即阿赖邪识，为万法缘起，故曰资始；恒转，故曰行健。坤即意根，执阿赖邪识为我，故曰得主；恒审思量，故曰有常。按《维摩诘经》："无住则无本。"乾元虽曰资始，其实曷尝有始？坤之有常，承天而时行耳，亦非真常也。是故能用九六，则证得转依，乾坤于是息矣。梁译《起信论》言："如菩萨地尽，满足方便，一念相应，觉心初起，心无初相，以远离微细念故，得见心性，心即常住，名究竟觉。"又唐译云："言心初起者，但随俗说，求其初相，终不可得。心尚无有，何况有初？"用九称"见群龙无首"，所谓"觉心初起心无初相"。用六称"利永贞"，所谓"心即常住"。觉心无初相而乾元尽，心常住而后为真常。用九，《象》曰："天德不可为首也"；用六，《象》曰："以大终也。"所谓无明无始而有终，二用实一事，特于乾言因，于坤言果耳。斯乃佛道究竟之地，则如来乘义也。《艮·卦辞》称"艮其背，不获其身；行其庭，不见其人"，此即断人我见者，则声闻乘义也。《观》爻辞数称"观我生""观其生"，此即辟支佛由观缘生而悟者，其人不说法，但以神变示化，故《观·象》言"圣人以神道设教而天下服矣"，则辟支佛乘义也。如是，《易》中微言，具备三乘，故足以冒天下之道。李鼎祚谓其"权舆三教，钤键九流"，信而有征矣！艮观之人，世或

章太炎手书"菿汉"

有之，能用九六者唯文王。以之见天则，则化声泯而万物齐；以之宅天下，则九五之大人又不足道。吾乃今知文王之圣也！王子植称乾为知体，坤为意根，而不解二用，万思默称说乾艮，自迷若思若无思，洞彻渊澄，廓然边际，亦尚非用九、艮卦真谛。

"万物恃之而生而不辞"，此业识本然。住此识者即有异："万物归焉而不为主"，此如来清净藏也；"万物皆备于我矣"，此世间阿赖邪也。故曰：大道泛兮，其可左右。能左右之曰以"清净"者，其乾之用九乎？林子仁称文王望道未见，此正心无私处。道本无体，亦不可见，此最为知文王者。

问曰：乾元用九，何以见天则邪？曰：天则即庄生所谓天倪

《寓言》篇曰："万物皆种也，以不同形相禅，始卒若环，莫得其伦，是谓天均。天均者，天倪也。"夫群动无首，则万物更相为种子，《华严》所谓"无尽缘起"。斯曰天则，究之无尽，则无缘起，仍所谓心无初相也。

问曰：乾元用九，天下治也。治天下可使群龙无首邪？曰：是言天下已治，非言治天下也。尧让天下于许由，曰："夫子立而天下治。"许由曰："子治天下，天下既已治也！"尧不为尸，由不为宾，居然群龙无首矣。夫能知此心无首者，自可使天下无首。此非高谈妄行所能就也。

《系辞》"一阴一阳之谓道"，依真如起无明，觉与不觉，宛尔对峙，是之谓道，非常道也。"继之者善也"，继，谓相续不断；善者，《释名》云："善，演也。演尽物理也。"此所谓一切种子如瀑流者也。"成之者性也"，《荀子》云"生之所以然者谓之性"，由意根执前者为我，于是有生也。虞仲翔说及。余前述《微言》皆未尽。

（节选自《菿汉昌言·经言一》，1933 年，收入《章氏丛书续编》，另有章氏国学讲习会单行本；收入《章太炎全集（七）·菿汉昌言》，第 75—76 页）

俱分进化论

近世言进化论者，盖昉于海格尔氏。虽无进化之明文，而所谓世界之发展，即理性之发展者，进化之说，已蘖芽其间矣。达尔文、斯宾塞尔辈应用其说，一举生物现象为证，一举社会现象为证。如彼所执，终局目的，必达于尽美醇善之区，而进化论始成。同时即有赫衰黎氏与之反对。赫氏持论，徒以世运日进，生齿日繁，一切有情，皆依食住，所以给其欲求者，既有不足，则相争相杀，必不可已，沾沾焉以贫乏失职为忧，而痛心于彗星之不能拂地，以扫万物而剿绝之。此其为说，亦未为定论也。

当海格尔始倡"发展论"时，索宾霍尔已与相抗，以世界之成立，由于意欲盲动，而知识为之仆隶。盲动者，不识道途，惟以求乐为目的，追求无已。如捷足者之逐日月，乐不可得，而苦反因以愈多。然后此智识者，又为意欲之净臣，止其昌狂妄行，与之息影于荫下也。则厌世观始起，而稍稍得望涅槃之门矣。其说略取佛家，亦与僧佉论师相近，持论固高，则又苦无证据。虽然，吾不谓进化之说非也。即索氏之所谓追求者，亦未尝不可称为进化。若云进化终极，必能达于尽美醇善之区，则随举一事，无不可以反唇相稽。彼不悟进化之所以为进化者，非由一方直进，而必由双方并进，专举一方，惟言智识进化可尔。若以道德言，则善亦进化，恶亦进化；若以生计言，则乐亦进化，苦亦进化。双方并进，如影之随形，如罔两之逐影，非有他也。智识愈高，虽欲举一废一而不可得。曩时之善恶为小，而今之善恶为大；曩时之苦乐为小，而今之苦乐为大。然则以求善、求乐为目的者，果以进化为最幸耶？其抑以进化为最不幸耶？进化之实不可非，而进化之用无所取，自标吾论曰《俱分进化论》。

善恶苦乐之并进也，且无以社会明之，而专以生物明之。今夫有机物界以乳哺动物为最高，在乳哺动物中，又以裸形而两足者为最高，无爪牙而能御患，无鳞毛而能御寒，无羽翼而能日驰千里，此非人之智识，比于他物为进化欤？以道德言，彼虽亦有父子兄弟之爱，顾其爱不能持久，又不知桄充其爱，组织团体以求自卫，聚麀之丑，争食之情，又无时或息也。人于前者能扩张之，于后者能禁防之，是故他物唯有小善，而人之为善稍大。虽然，人与百兽，其恶之比较为小乎？抑为大乎？虎豹以人为易与而啖食之，人亦以牛羊为易与而啖食之。牛羊之视人，必无异于人之视虎豹，是则人类之残暴，固与虎豹同尔。虎豹虽食人，犹不自残其同类，而人有自残其同类者！太古草昧之世，以争巢窟、竞水草而相杀者，盖不可计，犹以手足之能，土丸之用，相抵相射而止。国家未立，社会未形，其杀伤犹不能甚大也。既而团体成矣，浸为戈矛剑戟矣，浸为火器矣，一战而伏尸百万，蹀血千里，则杀伤已甚于太古。纵令地球统一，弭兵不用，其以智谋攻取者，必尤甚于畴昔。何者？杀人以刃，固不如杀人以术，与接为构，日以心斗，则驱其同类，使至于悲愤失望而死者，其数又多于战，其心又憯于战，此固虎豹所无，而人所独有也。由是以观，则知由下级之乳哺动物，以至人类，其善为进，其恶亦为进也。以生计言，他物所以养欲给求者少，惟人为多。最初生物，若阿米巴，若毛奈伦，期于得食而止耳。视觉、听觉、嗅觉皆未形成，则所以取乐者少，鱼亦期于得水而止，鸟亦期于得木而止耳。供鳅以毛嫱、西施，乐鸡以钧天、九韶，彼固无所于乐也。乳哺动物愈进化矣，幼眇之音，姝丽之色，芳泽之气，至于蝯狙而能乐之，其所乐者，亦几微也。一昔而得之，而不为甚乐，一昔而失之，而亦不为甚苦，故苦乐之量必小。若人则非独有五官之乐也，其乐固可以恒久，自五官而外，其乐又有可以恒久者，于是摄受之念始成，衽席之情，床第之乐，刍豢之味，裘帛之温，无不可以常住。其始徒以形质现前为乐，其后则又出于形质以外，由饱暖妃匹而思土地，由土地而思钱帛，由钱帛而思高官厚禄。土地欤？钱帛欤？高官厚禄欤？此固不可直接以求乐者，而求乐之方便，必自此始。有此而后饱暖妃匹之欲，可以无往不遂也。虽然，其始之乐此者，为间接以得饱暖妃匹之欲，其卒则遂以此为可乐，而饱暖妃匹之欲，亦或因此而牺牲之。又其甚者，则以名誉为乐，而土地钱帛、高官厚禄亦或因此而牺牲之。此其为乐，岂他动物所敢望者？然而求此乐者，必非可以一踊获也，将有所营画而后获之。下者奔走喘息，面目黎黑，以求达其五官之欲，其苦犹未甚也。求土地者，求钱帛者，求高官厚禄者，非直奔走喘息、面目黎黑而已，非含垢忍辱则不可得。今夫动物之情虽异，而其喜自尊贵，不欲为外物所陵藉者，则动物之同情也。必不得已，而至于含垢忍辱，笞我詈我，蹴我践我，以主人藏获之分而待我，我犹鞠躬磬折以承受之，此其为苦，盖一切生物所未有也。虽求名誉者，宁或异此？于世俗之名誉，求之之道，固无以愈于前矣。道德、功业、学问之名誉，于名誉为最高，其求之亦愈艰苦。有时而求此道德、功业、学问之名，乃不得不举此道德、功业、学问之实而表之。有时而求此道德、功业、学问之名，乃不得不举此可以受用道德、功业、学问之名者而亦丧之，杀身灭种，所不恤矣！此其为苦，则又有甚于前者，以彼其苦而求是乐，其得之者犹可以自喜也，而不得者十犹八九。藉令得之，犹未知可以摄受否也？藉令可以摄受，受之愈乐，则舍之也愈苦。佛说诸天终时，现五衰相，其苦甚于人类。今观富贵利达之士，易篑告终，其苦必甚于贫子；贫子之死，其苦必甚于牛马；牛马之死，其苦必甚于鱼鳖。下至腔肠、囊状、桑葚诸物，而死时受苦之剂量，亦愈减矣。是不亦乐之愈进者，其苦亦愈进乎？

上来所说，善恶苦乐同时并进，唯举一二事证，今更求其原理，并举例以明之。

善恶何以并进？一者由熏习性。生物本性，无善无恶，而其作用，可以为善为恶。是故阿赖邪识，惟是无覆无记；无记者，即无善无恶之谓。其末那识，惟是有覆无记；至于意识，而始兼有善恶无记。纯无记者，名为本有种子；杂善恶者，名为始起种子。一切生物，无不从于进化之法而行，故必不能限于无记，而必有善恶种子与之杂糅；不杂糅者，惟最初之阿米巴尔。自尔以来，由有覆故，种种善恶，渐现渐行，熏习本识，成为种子。是故阿赖邪识亦有善恶种子伏藏其间，如清流水杂有鱼草等物。就轮回言，善恶种子，名为羯磨业识，此不可为常人道者。就生理言，善恶种子，则亦祖父遗传之业识已。种子不能有善而无恶，故现行亦不能有善而无恶。生物之程度愈进而为善，为恶之力亦因以愈进，此最易了解者。二者由我慢心，由有末那执此阿赖邪识，以为自我，念念不舍，于是生四种心。希腊古德以为人之所好，曰真、曰善、曰美。好善之念，惟是善性；好美之念，是无记性；好真之念，半是善性，半无记性。虽然，人之所好，止于三者而已乎？若惟三者，则人必无恶性，此其缺略可知也。

今检人性好真、好善、好美而外，复有一好胜心。好胜有二：一、有目的之好胜，二、无目的之好胜。凡为追求五欲、财产、权位、名誉而起竞争者，此其求胜非以胜为限界，而亦在其事、其物之可成，是为有目的之好胜；若不为追求五欲、财产、权位、名誉而起竞争者，如鸡、如蟋蟀等，天性喜斗，乃至人类亦有其情，如好弈棋与角力者，不必为求博赆，亦不必为求名誉，惟欲得胜而止，是为无目的之好胜。此好胜者，由于执我而起，名我慢心，则纯是恶性矣。是故真、善、美、胜四好，有兼善、恶、无记三性，其所好者，不能有善而无恶，故其所行者，亦不能有善而无恶。生物之程度愈进，而为善为恶之力，亦因以愈进，此亦易了解者。若在一人，善云恶云，其力皆强，互相抵抗，甲者必为乙者征服而止，固非善恶兼进。而就一社会、一国家中多数人类言之，则必善恶兼进，于下举例：

一、如欧洲各国，自斯巴达、雅典时代，以至今日，贵族平民之阶级，君臣男女之崇卑，日渐划削，则人人皆有平等之观，此诚社会道德之进善者。然以物质文明之故，人所尊崇，不在爵位，而在货殖。富商大贾之与贫民，不共席而坐，共车而出，诸佣雇者之事其主人，竭忠尽瘁，犹必以佞媚济之。虽无稽首折腰之礼，而其佞媚有甚于是者。东方诸国，诚人人趋附势利矣，犹以此为必不应为之事。独欧洲则举此以为天经地义，除少数之持社会主义者。此非其进于恶耶？往者旧教盛行，迫人以必不愿从之事，自宗教改良，而人人有信教之自由，此诚社会道德之进善者。虽然，基督教未行以前，如琐格拉底辈，以身殉道，蹈死不顾；基督教既行以后，奉教者以舍身救人为志，则殉道者尤不可以更仆数。乃至路德之倡新教，其风亦未尝绝也。今日之以身殉道者，犹有其人乎？其在中国与非、澳诸洲者，或以智穷力竭，无所复之，而不得不就菹醢，其同类则相高以以身殉道之名，究其实际，愞栗畏葸之尤也。非直宗教，今之欧人，强毅敢死之风，已渐消灭，而吝惜身命，希于苟安而止者，所在皆是。风教陵迟，志节颓丧，其进于恶也，盖已甚矣！

二、如日本人言：日本维新以后，以新道德与旧道德相参，其奉法守节，胜于往古。曩者轻果好斗之风，渐转而为国家死难，此固社会道德之进善者。虽然，国势渐隆，法律渐备，纳其臣民于轨范之中，诸公卿间，求其刚严直大如西乡隆盛者，盖不可复睹矣！往者虽轻侠自喜，而士人之倜傥非常者，亦往往而有，若中江笃介、福泽谕吉诸公，诚可为东方师表也。今其学术虽胜于前，然有不为政府效用者乎？有不为富贵利禄而动者乎？日本维新才四十年，而其善之进如此，其恶之进，亦既如此矣。

三、如中国。中国自宋以后，有退化而无进化，善亦愈退，恶亦愈退，此亦可为反比例也。论者或谓周、秦以上，戕杀烝报之事，记于《春秋》者，不可偻指。常疑前世道德，必无以愈于今，此大误也。春秋之世，戕杀烝报，不以为忌，常在世家贵族。若乃尾生之信，沮、溺丈人之节，亦为后代所无。虽至战国，士人习以游说为事，然豫让、聂政、荆轲之徒，其侠烈有足多者。墨翟之仁，庄周之高，陈仲子之廉介，自汉以后，可复得乎？东汉风俗，二千年中为殊胜，而奸雄亦出其间，互相争竞而不可已。唐世风烈，稍近战国矣，急科名、趋利禄者日多，而高洁者亦因以愈多。阳城、元德秀，特其最著者也。自宋以后，渐益退化，至满洲为甚。程、朱、陆、王之徒，才能自保，而艰苦卓绝，与夫遁世而无闷者，竟不可见，此则善之退化矣。矫称蜂出，誓盟不信，官常之堕败，士风之庸猥，党见之狭陋，工商之狙诈，此诚可谓恶也。夫善恶虽殊，而其资于伟大雄奇之气则一。然观今日为篡者，惟能为石敬瑭、吴三桂，而必不能为桓温、刘裕；为奸者，惟能为贾似道、史弥远，而必不能为元载、蔡京。朝有谀佞，而乏奸雄；野有穿窬，而鲜大盗；士有败行，而无邪执；官有两可，而少顽嚚。方略不足以济其奸，威信不足以和其众，此亦恶之退化也。

苦乐何以并进？凡苦有三：一曰怨憎会苦，二曰求不得苦，三曰爱别离苦。乐者反是。苦又有二：一曰苦受，苦事现前，逼夺身心，不能暂舍，是苦受。二曰忧受，苦事未来，预为愁戚，苦事已去，追为痛悼，是为忧受。乐亦有二：一曰乐受，乐事现前，暝瞒耽溺，若忘余事，是为乐受。二曰喜受，乐事未来，豫为掉动，乐事已去，追为顾恋，是为喜受。世界愈进，相杀相伤之事渐少，而阴相排挤之事亦多。彼时怨憎会苦，惟在忧受，不在苦受。惟此一苦，或少减于畴昔，需求日繁，供给不逮，求不得苦，较前为甚。所求既得，其乐胜前，一旦死亡，舍此他去，爱别离苦，则较前为最甚。非直如是而已，一、感官愈敏，应时触发，其感乐则愈切，其感苦亦愈切。例如犬羊媆乳，熙怡自得，人间妇女，则以媆乳为最苦。以文明人较野蛮人，则媆乳为尤苦也。二、卫生愈善，无少毁伤，其感乐则愈久，其感苦亦愈久。例如蛙失其肢，守宫丧尾，习为故常，则补缺力亦易发达，丧失未久，完具如故。高等动物无常失肢体之事，偶尔丧失，则补缺力亦无所用。又如野蛮人众，刀剑创痍，应时完好；文明人众，则无此事，虽有药物，而伤甚者，必难骤复也。三、思想愈精，利害较著，其思未来之乐愈审，其虑未来之苦亦愈审。例如火将焚栋，燕雀处堂，颜色不变；若在小儿，亦鲜危怖；其在成人，则望气而矍然也。四、资具愈多，悉为己有，其得乐之处愈广，其得苦之处亦愈广。例如贫子家中，徒四壁立，一身以外，无所受乐，亦复无所受苦；若在富人，田园金帛，围绕形躯，多得一物，即有余欢，略失一物，亦有余憾也。五、好尚愈高，执着不舍，其器所引之乐愈深，其器所引之苦亦愈深。例如狎客冶游，所遇既广，无所缠绵，顺之不为甚乐，逆之不为甚苦；若笃于伉俪者，稍有乖违，其苦已甚。又如学究鄙儒，恣意记录，不劳心力，得失之间，亦无苦乐；若耽于撰述者，略有残损，苦亦随之。六、夭殇愈少，各保上龄，其受乐之时愈永，其受苦之时亦愈永。例如蟪蛄、朝菌，一瞬已亡，其苦其乐，亦云暂矣；若在牛羊，其寿稍永，常得豢养之乐，亦常受鞭棰之苦也。如上所举，苦乐相资，必不得有乐无苦，善恶并进，犹云泛指全体；苦乐并进，则非特遍于全体，而亦局于一人。其并进之功能，盖较善恶为甚矣。

上来所述，善恶、苦乐二端，必有并进兼行之事。世之渴想于进化者，其亦可以少息欤？抑吾尝读赫尔图门之《宗教哲学》矣，其说曰："有恶根在，必有善根，若恬憺无为者，其善根亦必断绝。"此谓恶尚可为，而厌世观念，则必不可生也。不悟厌世观念，亦有二派：其一，决然引去，惟以出此世界为利，亦无余念及于众生，此佛家所谓钝性声闻，无有菩提种子者也。其一，以世界为沉浊，而欲求一清净殊胜之区，引彼众生，爰得其所，则不惮以身入此世界，以为接引众生之用，此其志在厌世，而其作用则不必纯为厌世。若是，则何不可厌世之有？抑吾又读羯通哥斯之《社会学》矣，其说曰："凡彼乐受，先由轧轹，第一轧轹，惟是苦观，第二轧轹，始有乐观。"此谓苦不可厌，于苦受后，得有乐受继之而起也。不悟人之追求，固无穷极，方其乐时，虽知有乐，久之而其乐亦可厌矣，则必求一新乐以代其已谢者。于是第一轧轹之新苦，又必先于新乐而生，求乐无已，其得苦亦无已，后得之乐，果足与先受之苦相庚偿乎？况其所谓乐者，同时必有苦受与之方轨丽骖而进，是先受之苦为纯苦，而后得之乐，惟是苦乐相参也。然则进化之乐，又曷足欣羡也哉？或曰："今之世未为究竟进化，善恶、苦乐，犹未达于顶点，故人之希望者多，而厌弃者犹少，无宁任其进化，使人人知有世界极恶、自身最苦之时，则必有憬然反顾者。当尔所时，厌世之说，于是昌矣！"此其为说，亦本赫尔图门调和进化、厌世二主义者，世有勇猛大心之士，不远而复，吾宁使之早弃斯世，而求之于视听言思之外，以济众生而灭度之。纵令入世，以行善为途径，必不应如功利论者，沾沾于公德、私德之分。康德所云"道德有对内之价值，非有对外之价值"者，庶几近于"无漏善"哉！何以故？尽欲度脱等众生界，而亦不取众生相，以一切众生，及与己身，真如平等无别异故。既无别异，则惟有对内之价值，而何公德、私德之分乎？其次，无勇猛大心者，则惟随顺进化，渐令厌弃。夫以进化之力，使斯世趋于为鬼为魅，则自陷穷而知所返，此法尔无可遁者。然随顺进化者，必不可以为鬼为魅、为期望于进化诸事类中，亦惟择其最合者而倡行之，此则社会主义，其法近于平等，亦不得已而思其次也。

（载于《民报》第 7 号，1906 年；收入《章太炎全集（八）·太炎文录初编》，第404—414 页）

无神论

　　世之立宗教、谈哲学者，其始不出三端：曰惟神、惟物、惟我而已。吠檀多之说，建立大梵，此所谓惟神论也；鞞世师译曰胜论。之说，建立实性，名为地、水、火、风、空、时、方、我、意，九者皆有极微，我、意虽虚，亦在极微之列，此所谓惟物论也；僧佉译曰数论。之说，建立神我，以神我为自性三德所缠缚，而生二十三谛，此所谓惟我论也。近人以数论为心、物二元，其实非是。彼所谓自性者，分为三德，名忧德、喜德、暗德，则非物质明矣。其所生二十三谛，虽有心、物之分，此如佛教亦分心、色，非谓三德之生物质者，即是物质。寻其实际，神我近于佛教之识阴，忧德、喜德近于佛教之受阴，暗德近于佛教之根本无明，非于我外更有一物。渐转渐明，主惟神者，以为有高等梵天；主惟物者，以为地、水、火、风，皆有极微，而空、时、方、我、意，一切非有；主惟我者，以为智识意欲，互相依住，不立神我之名，似吠檀多派而退者，则基督、天方诸教是也；似鞞世师派而进者，则殁德、歌生诸哲是也；似僧佉派而或进或退者，则前有吠息特，后有索宾霍尔是也。近人又谓笛加尔说，近于数论。其实不然。笛氏所说，惟"我思我在"一语，与数论相同耳。心、物二元，实不相似。惟我之说，与佛家惟识相近，惟神、惟物则远之。佛家既言惟识，而又力言无我。是故惟物之说，有时亦为佛家所采。小乘对立心物，则经部正量、萨婆多派，无不建立极微；大乘专立一心，有时亦假立极微，以为方便。瑜伽论师以假想慧，除析粗色，至不可析，则说此为极微，亦说此为诸色边际，能悟此者，我见亦自解脱。虽然，其以物为方便，而不以神为方便者，何也？惟物之说，犹近平等；惟神之说，崇奉一尊，则与平等绝远也。欲使众生平等，不得不先破神教。故就基督、吠檀多辈论其得失，而泛神诸论附焉。

基督教之立耶和瓦也，以为无始无终，全知全能，绝对无二，无所不备，故为众生之父。就彼所说，其矛盾自陷者多，略举其义如左：

无始无终者，超绝时间之谓也。既已超绝时间，则创造之七日，以何时为第一日？若果有第一日，则不得云无始矣。若云创造以前，固是无始，惟创造则以第一日为始。夫耶和瓦既无始矣，用不离体，则创造亦当无始。假令本无创造，而忽于一日间有此创造，此则又类僧佉之说。未创造时，所谓"未成为冥性"者；正创造时，所谓"将成为胜性"者。彼耶和瓦之心，何其起灭无常也？其心既起灭无常，则此耶和瓦者，亦必起灭无常，而何无始之云？既已超绝时间，则所谓末日审判者，以何时为末日？果有末日，亦不得云无终矣。若云此末日者，惟是世界之终，而非耶和瓦之终，则耶和瓦之成此世界，坏此世界，又何其起灭无常也？其心既起灭无常，则此耶和瓦者，亦必起灭无常，而何无终之云？是故无始无终之说，即彼教所以自破者也。

全知全能者，犹佛家所谓萨婆若也。今试问彼教曰：耶和瓦者，果欲人之为善乎？抑欲人之为不善乎？则必曰：欲人为善矣。人类由耶和瓦创造而成，耶和瓦既全能矣，必能造一纯善无缺之人，而恶性亦无自起；恶性既起，故不得不归咎于天魔。虽然，是特为耶和瓦委过地耳。彼天魔者，是耶和瓦所造，抑非耶和瓦所造耶？若云是耶和瓦所造。则造此天魔时，已留一不善之根，以为惑诱世人之用。是则与欲人为善之心相刺谬也。若云非耶和瓦所造，则此天魔本与耶和瓦对立，而耶和瓦亦不得云绝对无二矣。若云此天魔者，违背命令，陷于不善，耶和瓦既已全能，何不造一不能违背命令之人，而必造此能违背命令之人？此塞伦哥自由之说，所以受人驳斥也。若云耶和瓦特造天魔，以侦探人心之善恶者，耶和瓦既已全知，则亦无庸侦探。是故全知全能之说，又彼教所以自破者也。

绝对无二者，谓其独立于万有之上也。则问此耶和瓦之创造万有也，为于耶和瓦外无质料乎？为于耶和瓦外有质料乎？若云耶和瓦外本无质料，此质料者，皆具足于耶和瓦中，则一切万有，亦具足于耶和瓦中，必如庄子之说，自然流出而后可，亦无庸创造矣。且既具足于耶和瓦中，则无时而无质料，亦无时而无流出。此万有者必不须其相续而生，而可以遍一切时，悉由耶和瓦生，何以今时万有不见有独化而生者？若云偶尔乐欲，自造万有，乐欲既停，便尔休息，此则耶和瓦之乐欲无异于小儿游戏，又所谓起灭无常者也。若云耶和瓦外本有质料，如鞞世师所谓陀罗骠者，则此质料固与耶和瓦对立。质料犹铜，而耶和瓦为其良冶，必如希腊旧说，双立质料工宰而后可，适自害其绝对矣。是故绝对无二之说，又彼教所以自破者也。

无所不备者，谓其无待于外也。则问此耶和瓦之创造万有也，为有需求乎？为无需求乎？若无需求，则亦无庸创造；若有需求，此需求者当为何物何事？则必曰：善耳，善耳。夫所以求善者，本有不善，故欲以善对治之也。今耶和瓦既无所不备，则万善具足矣，而又奚必造此人类以增其善为？人类有善，于耶和瓦不增一发；人类不善，于耶和瓦无损秋豪。若其可以增损，则不得云无所不备也。且世界之有善恶，本由人类而生。若不创造人类，则恶性亦无自起。若云善有不足，而必待人类之善以弥缝其缺，又安得云无所不备乎？是故无所不备之说，又彼教所以自破者也。

基督教人以此四因，成立耶和瓦为众生之父。夫其四因，本不足以成立，则父性亦不极成。虽然，姑就父性质之，则问此耶和瓦者，为有人格乎？为无人格乎？若无人格，则不异于佛家所谓藏识。藏识虽为万物之本原，而不得以藏识为父。所以者何？父者，有人格之名，非无人格之名。人之生也，亦有赖于空气、地球。非空气、地球，则不能生。然不闻以空气、地球为父，此父天母地之说，所以徒为戏论也。若云有人格者，则耶和瓦与生人各有自性。譬如人间父子，肢体既殊，志行亦异，不得以父并包其子，亦不得以子归纳于父。若是，则非无所不备也，非绝对无二也。若谓人之圣灵，皆自耶和瓦出，故无害为无所不备，亦无害为绝对无二者。然则人之生命，亦悉自父母出，父母于子又可融合为一耶？且所以称为父者，为真有父之资格乎？抑不得已而命之乎？若其真有父之资格者，则亦害其绝对无二。所以者何？未见独父而能生子者，要必有母与之对待。若是，则耶和瓦者，必有牝牡之合矣。若云不待牝牡，可以独父而生，此则单性生殖，为动物最下之阶，恐彼耶和瓦者，乃不异于单性动物。而夜光、浸滴诸虫，最能肖父，若人则不肖亦甚矣。若云不得已而命之者，此则无异父天母地之说，存为戏论，无不可也。

如上所说，则能摘其宗教之过，而尚不能以神为绝无。尝试论之曰：若万物必有作者，则作者亦更有作者，推而极之，至于无穷。然则神造万物，亦必被造于他，他又被造于他。此因明所谓犯无穷过者。以此断之，则无神可知已。虽然，亦不得如向、郭自然之说。夫所谓自然者，谓其由自性而然也。而万有未生之初，本无自性；既无其自，何有其然？然既无依，自亦假立。若云由补特伽罗而生，而此补特伽罗者，亦复无其自性。是故人我之见，必不能立。若云法则固然，而此法则由谁规定？佛家之言"法尔"，与言"自然"者稍殊，要亦随宜假说，非谓法有自性也。本无自性，所以生迷，迷故有法，法故有自，以妄为真，以幻为实。此则诚谛之说已。

若夫吠檀多教，亦立有神，而其说有远胜于基督教者。彼所建立：一曰高等梵天；二曰劣等梵天。高等梵天者，无属性，无差别，无自相；劣等梵天者，有属性，有差别，有自相。而此三者，由于无明而起，既有无明，则劣等梵天亦成于迷妄。而一切万物之心相，皆自梵出，犹火之生火花。是故梵天为幻师，而世间为幻象。人之分别自他，亦悉由梵天使其迷妄。若夫高等梵天者，离言说相，离名字相，离心缘相。谓之实在而不可得，谓之圆满而不可得，谓之清净而不可得。所以者何？实在、圆满、清净之见，皆由虚妄分别而成，非高等梵天之自性也。人之所思想者，皆为劣等梵天；唯正智所证者，乃为高等梵天。既以正智证得，则此体亦还入于高等梵天，非高等梵天之可入，本即高等梵天而不自知也。若其不尔，则必堕入轮回，而轮回亦属幻象。惟既不离虚妄分别，则对此幻象而以为真。此则吠檀多教之略说已。

今夫基督教以耶和瓦为有意创造，则创造之咎，要有所归，种种补苴，不能使其完善。吠檀多教立高等、劣等之分，劣等者既自无明而起，则虽有创造，其咎不归于高等梵天。基督教以世界为真，而又欲使人解脱。世界果真，则何解脱之有？吠檀多教以世界为幻，幻则

必应解脱，其义乃无可驳。虽然，彼其根本误谬，有可道者。若高等
梵天有士夫用，则不得不有自性；既有自性，则无任运转变，无明何
自而生？劣等梵天依何而起？若高等梵天无士夫用者，则无异于佛家
之真如。真如无自性，故即此真如之中，得起无明，而劣等梵天者，
乃无明之异语。真如、无明，不一不异，故高等梵天与劣等梵天，亦
自不一不异。若是，则当削去梵天之名，直云真如、无明可也。若谓
此实在云，此圆满云，此清净云，惟是虚妄分别，真如之名，亦是虚
妄分别，故不得举此为号。然则梵天云者，宁非虚妄分别之名耶？又
凡云"幻有"者，固与"绝无"有别。若意识为幻有，五大亦属幻
有，则有情之意识，得以解脱，而无情之五大，以何术使其解脱？是
则虚妄世界，终无灭尽之期也。若意识是幻有，而五大是绝无者，无
则比于龟毛兔角，亦不得谓是梵天幻师所作之幻象矣。是何也？幻象
者是幻有，而此乃绝无也。且劣等梵天既是无明，必断无明而后解
脱，则将先断劣等梵天。人能断无明，高等梵天亦能断无明耶？否
耶？若高等梵天能断无明者，则劣等梵天固有永尽之日。若高等梵
天，常与劣等梵天互相依住，有如束芦，则必不能断无明。人能断无
明，而高等梵天乃不能断无明，是则高之与劣，复有何异？故由吠檀
多教之说，若变为抽象语，而曰真如、无明，则种种皆可通；若执此
具体语，而曰高等梵天、劣等梵天，则种种皆不可通。此非有神教之
自为障碍耶？

近世斯比诺莎所立泛神之说，以为万物皆有本质，本质即神。其
发见于外者，一为思想，一为面积。凡有思想者，无不具有面积；凡
有面积者，无不具有思想。是故世界流转，非神之使为流转，实神之
自体流转。离于世界，更无他神；若离于神，亦无世界。此世界中，

一事一物，虽有生灭，而本体则不生灭，万物相支，喻如帝网，互相牵掣，动不自由。乃至三千大千世界，一粒飞沙，头数悉皆前定，故世必无真自由者。观其为说，以为万物皆空，似不如吠檀多教之离执着。若其不立一神，而以神为寓于万物，发蒙叫旦，如鸡后鸣，瞻顾东方，渐有精色矣。万物相支之说，不立一元，而以万物互为其元，亦近《华严》无尽缘起之义。虽然，神之称号，遮非神而为言；既曰泛神，则神名亦不必立。此又待于刊落者也。

　　赫尔图门之说，以为神即精神。精神者，包有心物，能生心物。此则介于一神、泛神二论之间。夫所谓包有者，比于囊橐耶？且比于种子耶？若云比于囊橐，囊橐中物，本是先有，非是囊橐所生，不应道理。若云比于种子，干茎华实，悉为种子所包，故能生此干茎华实。然种子本是干茎华实所成，先业所引，复生干茎华实；若种子非干茎华实所成者，必不能生干茎华实。此则神亦心物所成，先业所引，复生心物，是心物当在神先矣。若谓自有种子能生干茎华实，而非干茎华实所成，如藕根之相续者，为问此藕自何处来？必曰藕自藕生。复问此藕往何处去？必曰藕复生藕，及生莲之干茎华实。然则以藕喻神，则今神为先神所生，当有过去之神矣。今神复生后神，及生一切心物，当有未来之神矣。过去之神，精神已灭；现在之神，精神暂住；未来之神，精神未生。达摩波罗氏云："若法能生，必非常故；诸非常者，必不遍故；诸不遍者，非真实故。"若是，则神亦曷足重耶？虽然，赫氏则既有其说矣，彼固以为世界自盲动而成。此则窃取十二缘生之说。盲即无明，动即是行，在一切名色六入之先，是以为世界所由生也。神既盲动，则仍与吠檀多教相近。而有无之辨，犹鹳雀蚊虻之相过乎前矣。

夫有神之说，其无根据如此，而精如康德，犹曰："神之有无，超越认识范围之外，故不得执神为有，亦不得拨神为无。"可谓千虑一失矣！物者，五官所感觉；我者，自内所证知。此其根底坚牢，固难骤破。而神者，非由现量，亦非自证，直由比量而知。若物若我，皆俱生执，而神则为分别执。既以分别而成，则亦可以分别而破。使神之感觉于五官者，果如物质，其证知于意根者，果如自我，则不能遽拨为无，亦其势也。今观婴儿堕地，眙视火光，目不少瞬，是无不知有物质者也。少有识知，偶尔蹉跌，头足发痛，便自捶打。若曰此头此足，令我感痛，故以此报之耳。是不执色身为我，而亦知有内我也。若神则非儿童所知，其知之者，多由父兄妄教；不则思虑既通，妄生分别耳。然则人之念神，与念木魅山精何异？若谓超越认识范围之外，则木魅山精亦超越认识范围之外，宁不可直拨为无耶？凡现量、自证之所无，而比量又不可合于论理者，虚撰其名，是谓无质独影。今有一人，自谓未生以前，本是山中白石。夫未生以前，非其现量、自证之所知，即他人亦无由为之佐证，此所谓超越认识范围之外者也。而山中白石之言，若以比量推之，又必不合，则可以直拨为无。惟神亦然，不可执之为有，而不妨拨之为无，非如本体实在等名，虽非感觉所知，而无想灭定之时，可以亲证其名，则又非比量所能摧破也。更以认识分位言之，则人之感物者，以为得其相矣。而此相者，非自能安立为相，要待有名，然后安立为相。吾心所想之相，惟是其名，于相犹不相涉。故一切名种分别，悉属非真，况于神之为言，惟有其名，本无其相，而不可竟拨为无乎？难者曰：若是，则真如、法性等名，亦皆无相，何以不拨为无？答曰：真如、法性，亦是假施设名。遮非真如、法性，则不得不假立真如、法性之名，令其随顺，亦如算术之有代数，骨牌之列天人，岂如言神者之指为实事耶？
且真如可以亲证，而神则不能亲证，其名之假相同，其事则不相同，
故不可引以为例。若夫佛家之说，亦云忉利天宫，上有天帝，名曰释
提桓因。自此而上，复有夜摩、兜率诸天，乃至四禅、四空，有多名
号。此则所谓诸天者，特较人类为高，非能生人，亦非能统治人。征
以生物进化之说，或有其征，要非佛家之所重也。至云劫初生人，由
光音天人降世，此则印度旧说，顺古为言，与亚当、厄袜等同其悠
谬。说一切有部以为世尊亦有不如义言，明不得随文执着矣。

（载于《民报》第 8 号，1906 年；收入《章太炎全集（八）·太炎文录初编》，第
414—423 页）

建立宗教论

太空之鸟迹，可以构画乎？绘事之所穷也。病眼之毛轮，可以行车乎？舆人之所困也。然则以何因缘而立宗教？曰：由三性。三性不为宗教说也。白日循虚，光相暖相，遍一切地，不为祠堂丛社之幽寒而生日也，而百千微尘，卒莫能逃于日外，三性亦然。云何三性？一曰：遍计所执自性；二曰：依他起自性；三曰：圆成实自性。第一自性，惟由意识周遍计度刻画而成。若色若空，若自若他，若内若外，若能若所，若体若用，若一若异，若有若无，若生若灭，若断若常，若来若去，若因若果。离于意识，则不得有此差别。其名虽有，其义绝无。是为遍计所执自性。第二自性，由第八阿赖耶识、第七末那识，与眼、耳、鼻、舌、身等五识虚妄分别而成。即此色空，是五识了别所行之境；即此自他，是末那了别所行之境；即此色空、自他、内外、能所、体用、一异、有无、生灭、断常、来去、因果，是阿赖耶了别所行之境。赖耶惟以自识见分，缘自识中一切种子以为相分。故其心不必现行，而其境可以常在。末那惟以自识见分，缘阿赖耶以为相分。即此相分，便执为我，或执为法，心不现行，境得常在，亦与阿赖耶识无异。五识惟以自识见分，缘色及空以为相分。心缘境起，非现行则不相续；境依心起，非感觉则无所存。而此五识，对色及空，不作色空等想。末那虽执赖耶，以此为我，以此为法，而无现行我法等想。赖耶虽缘色空、自他、内外、能所、体用、一异、有无、生灭、断常、来去、因果以为其境，而此数者各有自相，未尝更互相属。其缘此自相者，亦惟缘此自相种子，而无现行、色空、自他、内外、能所、体用、一异、有无、生灭、断常、来去、因果等想。此数识者，非如意识之周遍计度执着名言也。即依此识而起见分相分二者，其境虽无，其相幻有。是为依他起自性。第三自性，由实相、真如、法尔犹云自然。而成，亦由阿赖耶识还灭而成。在遍计所执之名言中，即无自性；离遍计所执之名言外，实有自性。是为圆成实自性。夫此圆成实自性云者，或称真如，或称法界，或称涅槃。而柏拉图所谓伊跌耶者，亦往往近其区域。佛家以为正智所缘，乃为真如；柏拉图以为明了智识之对境为伊跌耶。其比例亦多相类。乃至言哲学创宗教者，无不建立一物以为本体。其所有之实相虽异，其所举之形式是同。是圆成实自性之当立，固有智者所认可也。若遍计所执自性，佛家小乘有诸法但名宗；而大乘《般若经》中亦谓我但有名，谓之为我，实不可得，以不可得，故空。但随世俗假立客名，诸法亦尔。是其为说，亦不止法相一家，即欧洲中世学者，如鹿塞梨尼辈，亦皆寻取通性，以为惟有其名。是遍计所执自性之当遣，亦有智者所认可也。惟此依他起自性者，介乎有与非有之间，则识之殊非易易。自来哲学宗教诸师，其果于建立本体者，则于本体之中，复为之构画内容，较计差别。而不悟其所谓有者，乃适成遍计所执之有，于非有中起增益执，其本体即不成本体矣。其果于遮遣空名者，或以我为空，或以十二范畴为空，或以空间、时间为空。独于五尘，则不敢毅然谓之为空。顾以为必有本体，名曰物如。物如云者，犹净名所谓色如耳。色兼五尘言。此则计五尘为不空，而计法尘为空。彼以此五尘者，亦有能诠，亦有所诠；此法尘者，惟有能诠，绝无所诠。有所诠者，必有本体；无所诠者，惟是空名。不悟离心而外，即不能安立五尘。是则五尘之安立，亦无异于法尘之安立。五尘固幻有也，而必有其本体；法尘亦幻有也，宁得谓无本体？于幻有中起损减执，其空名亦无由为空名矣。此二种边执之所以起者，何也？由不识依他起自性而然也。损减执者，不知五尘法尘，同是相分。此诸相分，同是依识而起。由有此识，而有见分、相分依之而起。如依一牛，上起两角。故意识见分，亲缘法尘以为相分之时，此法尘者，未尝离于意识之外；即五识见分，正缘五尘以为相分之时，五识亦未尝自起分别，以为此五尘者，离于五识之外。然则法尘在意识中，五尘在五识中。若云五尘之名有所诠者，则法尘之名亦有所诠；若云法尘之名无所诠者，则五尘之名亦无所诠。所以者何？其所诠者皆不在外，惟为现行之相分而已。今者排摈意识，以为所见法尘，惟是妄想而无外境；又取此五识所见之外境，在五识中本不分别以为外境者，却从意识所分以为外境。于彼则排摈意识，于此则又不得不借资于意识，矛盾自陷，尚可通乎？且法尘中所谓十二范畴者，与彼五尘犹各自独立，不必互为缘起也。若空间，则于五尘之静相有所关系矣；若时间，则于五尘之动相亦有所关系矣。关系者，何也？所谓观待道理也。马鸣有言：“虚空妄法，对色故有，若无色者，则无虚空之相。”由此言之，亦可云色尘妄法，对空故有；若无空者，则无色尘之相。假令空是绝无，则物质于何安置？假令时是绝无，则事业于何推行？故若言无空间者，亦必无物而后可；若言无时间者，亦必无事而后可。彼其所以遮拨空、时者，以前此论空间者，或计有边，或计无边；论时间者，或计有尽，或计无尽。互为矛矟，纠葛无已。于此毅然遮拨为无，而争论为之杜口。此不可谓非孤怀殊识也。虽然，有边无边、有尽无尽之见，岂独关于空间时间而已耶？若以物言，亦可执有边、无边之见。所以者何？现见六十四种极微，积为地球，推而极之，以至恒星世界。此恒星世界极微之量，果有边际乎？抑无边际乎？若以事言，亦可执有尽、无尽之见。所以者何？现见单细胞物，复生单细胞物，经过鄢波尼杀昙数层累阶级而为人类，由此人类复生人类。此一切众生之流注相续者，果有始终乎？抑无始终乎？然则破空而存物、破时而存事者，终不能使边、尽诸见，一时钳口结舌明矣。果欲其钳口结舌耶？则惟取物质、事业二者，与空间、时间同日而遮拨之可也。夫彼亦自知持论之偏激也，故于物质中之五尘，亦不得不谓其幻有，而归其本体于物如。若尔，则空间时间何因不许其幻有耶？物有物如，空间时间何因不许其有空如时如？贝尔巴陀氏继康德后建立列夏尔说，已云有睿智之空间、睿智之时间矣。不识此义，而谓惟有空名，都无实性。生人心识，岂于空无所依而起此觉？故曰，损减执者，不知依他起自性也。而彼增益执者，则又反是。说神我者，以为实有丈夫，不生不灭。其说因于我见而起。乃不知所谓我者，舍阿赖耶识而外，更无他物。此识是真，此我是幻，执此幻者以为本体，是第一倒见也。说物质者，欧洲以为实有阿屯，印度以为实有钵罗摩怒，执为极细，而从此细者剖之，则其细至于无穷。名家所谓"一尺之捶，日取其半，万世不竭"者，彼不能辞其过矣。执为无厚，无厚，即非延长，谓其本无形式，非粗非细。离于色、声、香、味、触等感觉所取之外，惟其中心力存。此虽胜于极细之说，然未见有离于五尘之力，亦未见有离力之五尘。力与五尘，互相依住，则不得不谓之缘生。既言缘生，其非本体可知。然则此力、此五尘者，依于何事而能显现？亦曰心之相分，依于见分而能显现耳。此心是真，此质是幻，执此幻者以为本体，是第二倒见也。说神教者，自马步诸述而上，至于山川土谷；稍进则有祠火，与夫尊祀诸天之法；其最高者，乃有一神、泛神诸教。其所崇拜之物不同，其能崇拜之心不异。要以藐尔七尺之形，饥寒疾苦，辐凑交迫，死亡无日，乐欲不恒。则以为我身而外，必有一物以牵逼我者，于是崇拜以祈获福。此其宗教，则烦恼障实驱使之。或有山谷之民，出自窟穴，至于高原大陆之上，仰视星辰，外睹河海，而爽然自哀其形之小，所见所闻，不出咫尺，其未知者，乃有无量恒河沙数。且以万有杂糅，棼不可理，而循行规则，未尝愆于其度，必有一物以钤辖而支配之，于是崇拜以明信仰。此其宗教，则所知障实驱使之。不能退而自观其心，以知三界惟心所现，从而求之于外；于其外者，则又与之以神之名，以为亦有人格。此心是真，此神是幻，执此幻者以为本体，是第三倒见也。故曰，增益执者，亦不知依他起自性也。若尔，则二种边执者，固不知有依他起自性矣。亦有能立本体，能遣空名，而卒之不得不密迩于依他者。特无此依他之名以为权度，虽其密意可解，而文义犹不得通。如柏拉图可谓善说伊跌耶矣，然其谓一切个体之存在，非即伊跌耶，亦非离伊跌耶。伊跌耶是有，而非此则为非有，彼个体者，则兼有与非有。夫有与非有之不可得兼，犹水火相灭，青与非青之不相容也。伊跌耶既是实有，以何因缘不遍一切世界，而令世界尚留非有？复以何等因缘，令此有者能现景于非有而调合之，以为有及非有？若云此实有者，本在非有以外，则此非有亦在实有以外。既有非有，可与实有对立，则虽暂名为非有，而终不得不认其为有，其名与实，适相反矣。若云此实有者，本无往而非实有，特人不能以明了智识观察，横于实有之中，妄见非有；复于此妄见非有之中，微窥实有，更相盘错，然后成此个体之有与非有。是则成此个体者，见、相二分之依识而起也。非说依他起自性，则不足以极成个体也。又如希腊上世，哀梨牙派有犍诺摩者，以为一切皆无异相，亦无流转，虽以镞矢之疾，一刹那间则必不动。自此第一刹那，积而至于十百刹那，初既无动，则后亦不能更动。此其为说，岂不近于方实不转、心实不动之义耶？乃谓见其有动者，出于迷妄，此则所谓云驶月运、舟行岸移之说也。然未能说此迷妄是谁？复以谁之势力而能使之迷妄？故非说依他起自性，则不足以极成妄动也。又如康德既拨空间、时间为绝无，其于神之有无，亦不欲遽定为有，存其说于纯粹理性批判矣。逮作实践理性批判，则谓自由界与天然界，范围各异。以修德之期成圣，而要求来生之存在，则时间不可直拨为无，以善业之期福果，而要求主宰之存在，则神明亦可信其为有。夫使此天然界者，固一成而不易，则要求亦何所用。知其无得，而要幸于可得者，非愚则诬也！康德固不若是之愚，亦不若是之诬，而又未能自完其说。意者于两界之相挤，亦将心懵意乱，如含蒜齏耶？欲为解此结者，则当曰：此天然界本非自有，待现识要求而有。此要求者，由于渴爱；此渴爱者，生于独头无明。纵令有纯紫之天然界，而以众生业力，亦能变为纯青之天然界。此渴爱者云何？此独头无明者云何？依于末那意根而起。故非说依他起自性，则不足以极成未来，亦不足以极成主宰也。以此数者证之，或增依他，或减依他，或虽密迩，而不能自说依他。偏执者，则论甘忌辛；和会者，则如水投石。及以是说解之，而皆冰解冻释。然后知三性之说，是名了义言教，则如毗湿缚药，一切散药仙药方中，皆应安处；则如画地，遍于一切彩画事业，或青或黄，或赤或白，皆同一味，复能显发彩画事业；则如熟酥，倾置一切珍馐诸饼果内，更生胜味。吾既举此诸例，于是复持三性以衡宗教。

宗教之高下胜劣，不容先论。要以上不失真，下有益于生民之道德为其准的。故如美洲之摩门，印度之湿婆韦纽，西藏之莲华生教，专以"不律仪"为务者，无足论矣。反是，虽崇拜草木、龟鱼、徽章、咒印者，若于人道无所陵藉，则亦姑容而并存之。彼论者以为动植诸物，于品庶为最贱，今以人类而崇拜之，则其自贱滋甚！若自众生平等之见观之，则大梵安荼、耶和瓦辈，比于动植诸物，其高下竟未有异也。然而不可为训者，何也？彼以遍计所执自性为圆成实自性也。言道在稊稗、屎溺者，非谓惟此稊稗、屎溺可以为道；言墙壁、瓦砾咸是佛性者，非谓佛性止于墙壁、瓦砾。执此稊稗、屎溺、墙壁、瓦砾以为道只在是，佛只在是，则遍计所执之过也。非特下劣诸教为然也，高之至于吠陀、基督、天方诸教，执其所谓大梵、耶和瓦者，以为道只在是，神只在是，则亦限于一实，欲取一实以概无量无边之实，终不离于遍计矣。不得已而以广博幽玄之说附之，谓其本超象外，无如其"有对之色"为之碍也。非特神教为然也，释教有无量寿佛之说，念之者得生净土，永不退转。其始创此"易行道"者，固以遍教僧俗，使随顺法性而得入尔。而拙者震于功德庄严，怳忽如闻铃网之声，如见曼陀罗华之色。由其欣羡三界之心，以欣净土，净土本净，而以所欣者垢之，则何以异于人天诸教。是故以遍计所执而横称为圆成实者，其疵疠则既然矣。然则居今之世，欲建立宗教者，不得于万有之中，而横计其一为神，亦不得于万有之上，而虚拟其一为神。所以者何？诸法一性，即是无性，诸法无性，即是一性，此般若精妙之悉檀，亦近世培因辈所主张也。执一实以为神者，其失固不胜指。转而谓此神者，冒世界万有而为言，然则此所谓有，特人心之概念耳。以假立依他言之，概念不得不说为有；以遮拨遍计言之，概念不得不说为无。从其假立而谓概念惟在自心，当以奢摩他法，洒扫诸念，令此概念不存而存，亦奚不可从其遍计，而谓吾此概念，必有一在外者与之相应，从而葆祠之，祈祷之，则其愚亦甚矣！又复从此概念而写其形质材性，谓其无不能成，无不能坏，如计羝羊之有乳者，所计已谬，犹以为少，复计今日之乳为甘，明日之乳为苦，则其诬抑又甚矣。虽然，执着诸法一性即是无性之言，而谓神者固无，非神亦无，则又所谓损减执者。所以者何？由彼故空，彼实是无；于此而空，此实是有。谓此概念法尘，非由彼外故生，由此阿赖耶识原型观念而生。拙者以彼外界为有，而谓法尘为空。实则外界五尘，尚不可不说为无，况于法尘而可说为非无。若即自此本识原型言之，五尘、法尘，无一非空。而五尘、法尘之原型，不得不说为有。人之所以有此原型观念者，未始非迷。迷不自迷，则必托其本质；若无本质，迷无自起。马鸣所谓迷东西者，依方故迷；若离于方，则无有迷。众生亦尔，依觉故迷；若离觉性，则无不觉。以有不觉妄想心，故能知名义，为说真觉。若离不觉之心，则无真觉自相可说。是故概念虽迷，迷之所依，则离言而实有。一切生物，遍在迷中，非因迷而求真，则真无可求之路。由此故知，冒万有者，惟是概念。知为概念，即属依他；执为实神，即属遍计。于概念中，立真如名，不立神名。非斤斤于符号之差殊，由其有执、无执异尔。

万有皆神之说，未成宗教，而有建立宗教之资。自曼布轮息、斯比诺沙、海格尔辈，积世修整，渐可惬心。然近世泛神教之立说，则亦有可议者。彼其言曰：以一蚁子之微，而比于人，人之大，不知几千万倍也。然此几千万倍者，要必有量。若人之比华藏世界，其大小则无有量。朝菌不知晦朔，惠蛄不知春秋。晦朔、春秋，与朝菌、惠蛄，所经之修短，犹有量也。而永劫之来，不知其始；其去也，不知其终。人之寿量，比于永劫，又巧历者所不能计也。以此器界时间之无量，而一切布列其间者，取舍屈伸，生住异灭，无时而或愆于法。孰主张是，孰维纲是？吾辈睹此，安得不自愧其形之细，其时之促，其知之劣耶？设于巴黎市中，而有一瓯之花，于花萼间而有微虫。微虫在花，安知其市之方圆面积，与其市中之人所经营者？人之比于华藏世界，复不可以此相校，而欲知其体、相、用三，必不可得。是故其崇拜也，非以为有一主宰，恐怖佞媚而事之也。以彼无量，而比于我之有限，以彼有法，而比于我之不知，则宜其归敬矣。今辨无量之说曰：所以知无量者，由于心起分别。先以大小、长短相形，至不可形，而立无量之名。此无量之名，未显现时，则阿赖耶识中之原型观念耳。若自心见分，不缘同聚同体之相分，则无量之名亦无。然则无量者，自心中之无量，非在外之无量。彼希腊古德之建立“阿贝轮”者，甚无谓也。纵令有其外界，物物而数之，事事而检之，其简阅则无穷极。若但思“无量”二字，则以一刹那顷，可以概括而知。是知其内容则难，而知其外延则易。若云止知外延不知内容者，不足以称如实了知。若尔，吾身以内，爪生发长，筋转脉移，吾亦不自知也，而固自知有我。能知我之外延，而不知我之内容，虽不知，亦无害为知矣。如实知其无量者，根本智之事也；如实知其部分者，后得智之事也。待根本智成而起后得智时，无患其不知也。且彼所谓无量者，谓其至大无外，至长无际耳。然至大者极于无量，而取最小之微尘递分析之，其小亦无有量；至长者极于无量，若取最短之一刹那为之分析，则复有其短者，递析递短，而其短亦无有尽。以吾形而比于华藏，以吾寿而比于永劫，其细且短，不可以量计也。若复取吾形而比于递分之微尘，取吾寿而比于递析之刹那，其大且长，又不可计其量矣。夫以吾形吾寿，而比于华藏永劫，犹云以定量比无量，无相拟之理也。而吾形吾寿，本是细且短者之积。细者短者既无量，则吾形吾寿亦自无量。以吾形吾寿之无量，比于华藏永劫之无量，均此无量，则不得云孰胜孰劣矣。由此言之，量与无量，本由自心分别而起。分别所依，依于吾形吾寿，以为权度。于其本无量者，而强施以有量之名。果离我见，安取量与无量之说为？若犹不了，则更取其离于外界者而言。夫一、二、三、四之数，本非外界所有，而惟是内识之范畴。此立敌所共许也。然若取此一数，递加递乘，自十、百、千、万、亿、兆，以至不可纪极之数，则虽以超过永劫之寿，无一刹那而不偻指以计，犹不能尽其边际也。夫以心所自造之数，其无量亦如外界。然则无量固在自心，不在外界，明矣。辨有法之说曰：凡取一物一事，而断其合法与否，此亦惟在自心，非外界所能证也。而人心之断其合法与否者，有时亦无一成之规则。今有四时辰表，甲者密合晷影，无所差忒，乙者递行则递迟，丙者递行则递速，丁者乍速乍迟，各有定齐。自世俗言之，则必以甲者为合法，乙者、丙者为不合法，而丁者则不合法之尤甚者也。然甲者诚合法矣，其次三者，虽不与晷影相应，而亦自循其法，未尝逾越。乃若地球之自转也，子午圈亦每日不同，此与丁者何异？而人未尝以为不合法也。若云：彼有常度，可以推测，故谓之合法者，则时辰表之乍迟乍速，亦自有法，常度可以推测知之。于此则被以不合法之名，于彼而被以合法之名，此特人心之自为高下，而于物何与焉。且合法者，对不合法而言耳。有生之物，以有自由，而举止率多逾法；彼无生者，既无自由，则不得不由他物相牵而动。万物相支，互为推荡之，合法亦奚足羡？若使有生之物，一日跤手瞑目而死，青瘀变烂，亦事事合法矣。其不合法者，特生时一细分也，而细分固不能动全部。如彼地、水、火、风之属，亦宁知无细分之不合法者，将可引绳切墨以求之乎？大风起于土囊之口，震电激于玄云之下；朝跻于西，崇朝其雨；其雨其雨，杲杲出日；是虽无生之物，而亦不能以定法限之。就彼人类可推之率，则以为合法云尔。由是观之，心精圆遍，含裹十方，云何无量？心之无量。云何合法？心之合法。与其归敬于外界，不若归敬于自心。不知其心，而怖于外，以为穷大至精。譬之心有忧者，闻鸟鸣而谓鸟亦有忧；心有乐者，睹草色而谓草亦有乐。于彼外界起增益执，于此自心起损减执，实惟不了依他之故。

复次，以为宇宙至大，非人类所能推测者，此亦于宇宙起增益执，于自心起损减执。宇宙本非实有，要待意想安立为有。若众生意想尽归灭绝，谁知有宇宙者？于不知中证其为有，则证据必不极成。譬如无树之地，证有树影，非大愚不灵之甚耶？虽然，此但足以遮有，而不足以立无。有无皆不敢定，则堕入怀疑之说。是故为说梦喻：如人梦时，见有种种山川、城郭、水火、云物，既觉寤已，决定知为非有。由此可知，觉时所见种种现象，亦如梦象，决定非有，既大觉已，如实知无。今之以意想知其为无者，但为比知，非如实知。正如梦时亦有自知为梦者，然非于知为梦时，遂能消灭种种梦境。故但说为比知，不说为如实知。虽然，此诚足以遮境，而亦足以遮心。境缘心生，心仗境起，若无境在，心亦不生。譬如生盲，素未见有黑白，则黑白之想亦无。如是遮境为无者，亦不能立心为有。是故为说证量：如人起心，疑境为无，或起胜解，决定遮境为无。如是，于此自心亦疑为无，亦决定遮拨为无。然于疑境遮境之时，境已粉碎，无可安立。而此疑心遮心之时，非以他物而能疑心遮心，要即此心，方能疑心遮心。即此疑心遮心之心，亦即是心。是故前心虽在可疑可遮之列，而此心则无能疑能遮之理。虽然，此但可以现起之心，还成此心，而不能以不现起心，成此自心。如人以心遮心为无，其后则并不起心遮心为无，亦不起心立心为有。当尔所时，心尚不起，宁能说为有无耶？是故为说有种子识。种子识者，即阿赖耶。凡起心时，皆是意识，而非阿赖耶识。然此意识，要有种子；若无种子，当意识不起时，识已断灭，后时何能再起？若尔，闷绝熟眠等位，便当与死无异，云何得有觉寤？云何觉寤以后还复起心？由此证知，意虽不起，非无种子识在。如隔日疟，疟不起时，非无疟种；若疟种灭断者，云何隔日以后，疟复现起？夫五识者，待有五尘为其对境，然后识得现起；意虽猛利，于境不见前时，亦得自起"独头意识"。然此"独头意识"，亦非无端猝起，要必先有"五俱意识"，与五识同取对境。境既谢落，取境之心不灭，虽隔十年，独头意识犹得现前。是故五识与意识者，即以自造之境，与自识更互缘生。喻如色相，与太空相依俱有，空依色住，色依空住，若去其一，余则不存。又如黑、白二线，交纽为结，黑线之结，以白线成，白线之结，以黑线成，若去其一，余一则不成结。亦如生人皆有两足，左足能立，以有右足；右足能立，以有左足，若去其一，余一则亦倾倒。如是法喻，但可执是以说六识，不能执是以说阿赖耶识。阿赖耶识，无始时来，有种种界，如蜀黍聚。即此种种界中，有十二范畴相，有色空相，有三世相，乃至六识种子，皆在阿赖耶中。自有亲缘，故无起尽，亦无断绝。非如六识之缘境而起，离境而息。是故心虽不起，而心非无，其义成立。虽然，此但可说有种子之集相，而不能说无种子之灭相。诸漏既尽，证得二空。是时种子既断，此识复何所在？是故为说庵摩罗识。庵摩罗者，译言无垢。即此阿赖耶识，永离垢染，而得此名。如手五指，屈而现影，欲捉此影，遽握成拳，手为能握，影为所握，阿赖耶识执持现识及彼见相，亦复如是。若在暗处，即以此手自握成拳，即此能握，即是所握，阿赖耶识执持种子，亦复如是。若即此手，还自解拳，既无所握，亦无能握，而此手力，非不能握，庵摩罗识无所执持，亦复如是。由此故知，明了识性，无时断绝。解此数事，则此心为必有，而宇宙为非有。所谓宇宙，即是心之碍相。即以此心，还见此心，夫何不可推测之有？

上来所说，诸事神者，皆起于增益执。泛神之说虽工，而由不了依他，故损减自心而增益外界。其可议者，犹在今之立教，惟以自识为宗。识者云何？真如即是惟识实性，所谓圆成实也。而此圆成实者，太冲无象，欲求趋入，不得不赖依他。逮其证得圆成，则依他亦自除遣。故今所归敬者，在圆成实自性，非依他起自性。若其随顺而得入也，则惟以依他为方便。一切众生，同此真如，同此阿赖耶识。是故此识非局自体，普遍众生，惟一不二。若执着自体为言，则惟识之教，即与神我不异。以众生同此阿赖耶识，故立大誓愿，尽欲度脱等众生界，不限劫数，尽于未来。若夫大圜星界、地、水、火、风无生之物，则又依众生心而生幻象。众生度尽，则无生之物自空。是故有度众生，无度四大。而世之议者，或执释教为厌世，或执释教为非厌世。此皆一类偏执之见也。就俗谛而言之，所谓世者，当分二事：其一三界，是无生物，则名为器世间；其一众生，是有生物，则名为有情世间。释教非不厌世，然其所谓厌世者，乃厌此器世间，而非厌此有情世间。以有情世间堕入器世间中，故欲济度以出三界之外。譬之同在漏舟，波涛上浸，少待须臾，即当沦溺，舟中之人，谁不厌苦此漏舟者？于是寻求木筏，分赋浮匏，期与同舟之人，共免沦陷。然则其所厌者，为此漏舟，非厌同在漏舟之人，明矣。与彼蛮邂甘节之夫，所志正相反对。彼所厌者，实圆颅方趾之人群也。若夫神皋大泽，浩博幽闲，则反为其所乐。是为厌有情世间，而不厌器世间。二者殊途，如冰与炭。彼徒知厌世之名，而不能分世为二，执厌非厌以拟释教。如彼盲人，相聚扪象，得其一体，而以为象之全形，其见噱于明目者审矣。惟其如是，故大乘有断法执，而不尽断我执。以度脱众生之念，即我执中一事。特不执一己为我，而以众生为我。如吠息特之言曰："由单一律观之，我惟是我，由矛盾律观之，我所谓我，即彼之他，我所谓他，即他之我；由充足律观之，无所谓他，即惟是我。"此以度脱众生为念者，不执单一律中之我，而未尝尽断充足律中之我，则以随顺法性，人人自证有我，不得举依他幻有之性，而一时顿空之也。夫依他固不可执，然非随顺依他，则无趋入圆成之路。是故善见问世尊言：若有情际即是实际，云何大士以不坏实际法，安立有情于实际中？若安立有情于实际中者，则为安立实际于实际；若安立实际于实际者，则为安立自性于自性。然不应安立自性于自性。云何可说以不坏实际法，安立有情于实际中？佛言以方便善巧，故能安立有情于实际中，而有情际不异实际。《般若经·不可动品》。有情际即实际者，圆成实自性也。以方便善巧故，安立有情于实际中者，随顺依他起自性，令证圆成实自性也。顺此依他，故一切以利益众生为念，其教以证得涅槃为的。等而下之，则财施无畏施等，亦与任侠、宋、墨所为不异，乃有自舍头目脑髓以供众啖者。此义少衰，则厌器世间者，并与有情世间而亦厌之。缁衣之士，惟有消极之道德，更无积极之道德可以自见。而宗密之匿李训，紫柏之忤奄党，月照之覆幕府，载在史册者，惟此三数而已。

问者曰：立教以惟识为宗，识之实性，即是真如，既无崇拜鬼神之法，则安得称为宗教？答曰：凡崇拜者，固人世交际所行之礼。故诸立神教者，或执多神，或执一神，必以其神为有人格，则始可以稽首归命之礼行之，其崇拜诚无可议。然其神既非实有，则崇拜为虚文尔。若以别有本体而崇拜之，本体固无人格。于彼无人格者，而行人世交际之礼，比之享爰居以《九韶》者，盖尤甚为！是故识性真如，本非可以崇拜。惟一切事端之起，必先有其本师，以本师代表其事，而施以殊礼者，宗教而外，所在多有。士人之拜孔子，胥吏之拜萧何，匠人之拜鲁般，衣工之拜轩辕，彼非以求福而事之，又非如神教所崇拜者。本无其物而事之，以为吾之学术出于是人，故不得不加尊礼。此于诸崇拜中，最为清净，释教亦尔。诸崇拜释迦者，固以二千六百岁前尝有其人，应身现世，遗风绪教，流传至今，沐浴膏泽，解脱尘劳，实惟斯人之赐。于是尊仰而崇拜之，尊其为师，非尊其为鬼神。虽非鬼神，而有可以崇拜之道，故于事理皆无所碍。此亦随顺依他则然。若谈实相，则虽色身现量，具在目前，犹且不可执为实有，而况灭度之后耶？若夫偶像之应去与否，则犹未有定论。执此偶像，而以为真，则偶像不得不毁。彼摩西之力破偶像者，以彼犹太种族，执着心多，视此金人桃梗，以为有无上之灵明。于遍计所执之中，又起遍计，则其自诬实甚！故非特专信一神者，不得不禁偶像，若佛教而行于彼族，则造像亦不可行矣。若其无执着者，以为人心散乱，无所附丽，要有一物以引其庄敬震动之情，非谓即此偶像即是真实。如观优者，具见汉官威仪，与其作止进退、成败兴废，则感情之兴奋，必百倍于读书论世。然而非即以此优人为方册所载之人。东方民族，执着之心本少，虽在至愚，未有即以偶像为神灵者。在昔周庙铸金以为慎言之人，句践命工以写朱公之象，皆由心有感慕，以此寄形，固未尝执为实事。既无执着，则随顺依他起性而为之，无不可也。彼依傍神教者，多谓宜毁偶像。虽然，相之与名，无所异也。今见神教诸师而语之曰："神即是猿。"则必有怫然怒者。究之，说神之名，非神之实，说猿之名，非猿之实。名固不足以当实，然而怫然怒者，以为名虽非实，且可以代实也。然则偶像者，是其相耳。相固非实，而亦可以代实，与名之代实何异？名之非实，庄周称为"化声"。执名为真，斥相为假，其持论岂足以自完耶？若夫沙门之破偶像者，则有矣。禅宗丹霞，尝烧木佛，此固著在耳目。而今之丛林规则，起于百丈。百丈固言："惟立法堂，不建佛殿。"则无造像之事可知也。至云门之诃佛，则非特破相，而亦破名。文偃诵经，见有佛初降世经行七步之说，书其后曰："我若看见，一棒打杀，与狗子吃！"今立教仪，不得如云门之猖狂，亦不可效天祠之神怪。若百丈所建立，庶几可乎？

述此既终，则又得一疑事。或举赫尔图门之说，以为宗教不可专任僧徒，当普及白衣而后可。若是，则有宗教者，亦等于无宗教。自我观之，居士、沙门，二者不可废一。宗教虽超居物外，而必期于利益众生。若夫宰官吏人之属，为民兴利，使无失职，此沙门所不能为者。乃至医匠陶冶，方技百端，利用厚生，皆非沙门所能从事。纵令勤学五明，岂若专门之善？于此则不能无赖于居士。又况宗教盛衰，亦或因缘国事。彼印度以无政之故，而为回种所侵，其宗教亦不自保。则护法之必赖居士明矣。虽然，居士者，果足以为典型师表耶？既有室家，亦甘肉食，未有卓厉清遒之行，足以示人。至高不过陈仲、管宁，至仁不过大禹、墨翟，猥鄙污辱之事，犹不尽无，其于节行固未备也。以彼其人，而说无生之达摩，讲二空之法印，言不顾行，谁其信之？夫以洛、闽儒言，至为浅薄，而营生厚养之士，昌言理学，犹且为人鄙笑，况复高于此者？宗教之用，上契无生，下教十善，其所以驯化生民者，特其余绪。所谓尘垢秕糠，陶铸尧、舜而已。而非有至高者在，则余绪亦无由流出。今之世，非周、秦、汉、魏之世也，彼时纯朴未分，则虽以孔、老常言，亦足化民成俗。今则不然，六道轮回、地狱变相之说，犹不足以取济。非说无生，则不能去畏死心；非破我所，则不能去拜金心；非谈平等，则不能去奴隶心；非示众生皆佛，则不能去退屈心；非举三轮清净，则不能去德色心。而此数者，非随俗雅化之居士所能实践，则聒聒者亦无所益。此沙门、居士，所以不得不分职业也。借观科学诸家，凡理想最高者，多不应用；而应用者，率在其次之人。何独于宗教而不然耶？尝试论之，世间道德，率自宗教引生。彼宗教之卑者，其初虽有僧侣祭司，久则延及平民，而僧侣祭司亦自废绝。则道德普及之世，即宗教消镕之世也。于此有学者出，存其德音，去其神话，而以高尚之理想，经纬之以成学说。若中国之孔、老，希腊之琐格拉底、柏拉图辈，皆以哲学而为宗教之代起者。琐氏、柏氏之学，缘生基督，孔子、老子之学，迁为汉儒，则哲学复成宗教。至于今斯二教者，亦駸駸普及于国民矣。中国儒术，经董仲舒而成教。至今阳尊阴卑等说，犹为中国通行之俗。一自培庚、笛加尔辈，一自程、朱、陆、王诸儒，又复变易旧章，自成哲学。程、朱、陆、王，固以禅宗为其根本。而晚近独逸诸师，亦于内典有所撍拾。则继起之宗教，必释教无疑也。他时释迦正教，普及平民，非今世所能臆测。然其无上希有之言，必非常人所喻，则沙门与居士，犹不得不各自分途。赫氏所言，但及人天小教，此固可以家说户知者，然非所论于大乘。后之作者，无纳沧海于牛蹄可也。

（载于《民报》第 9 号，1906 年；收入《章太炎全集（八）·太炎文录初编》，第 423—441 页）

人无我论

　　于纵生两足之假相，而界以人之假名。何者谓之人？云何谓之人？以何因缘而有此人？精者，则有十二缘生之说；粗者，则有自然淘汰之义。皆略能明其故矣。独至一切众生，无不执持有我，而欲下一定论，以判决我之有无，则必非浅识常言所能喻。我有二种：一者，常人所指为我。自婴儿堕地，已有顺违哀乐之情，乃至一期命尽，无一刹那而不执有我见。虽善解无我者，亦随顺世俗以为言说之方便。此为俱生我执，属于依他起自性者。非熟习止观以至灭尽，则此见必不能去，固非言词所能遮拨。二者，邪见所指为我，即与常人有异。寻其界说，略有三事：恒常之谓我；坚住之谓我；不可变坏之谓我。质而言之，则我者即自性之别名。此为分别我执，属于遍计所执自性者。乃当以种种比量，往覆征诘而破之。近世惟物论者，亦能知第二我执为谬。而或以多种原质互相集合为言；或以生理单位异于物质为言。此虽能破人我，乃举其所谓自性者，以归诸他种根力，又堕法我之谬论。先师无著大士，善破我执，最为深通。然其文义奥衍，或不适于时俗。余虽寡昧，窃闻胜义。闵末俗之沉沦，悲民德之堕废，皆以我见缠缚，致斯劣果。曲明师说，杂以己意，为《人无我论》一首。

　　计我论者，以为有有情我，命者，生者，有养育者，数取趣者，如是等谛实常住。此其为说，由寻思观察而得之，略有二因：一，先不思觉，率尔而得，有情想故；二，先已思觉，得有能作所作故，彼如是思，若无我者。方见五事，不应遽起五有我想。一，见形色已，惟应起形色想，不应起有情想；二，见领纳苦乐诸心行已，惟应起领受想，不应起胜者、劣者、各种有情之想；三，见言说名号已，惟应起言说名号想，不应起支那人、日本人、印度人等想；四，见造作染净诸业已，惟应起造作事业想，不应起愚者、智者、善人、恶人等想；五，见转识随境变迁已，惟应起心识想，不应起有我能见、有我能取等想。如上五事，皆由先不思觉，以瞬息间而起五种有情之想。由此先不思觉，率尔乍见，而起有情想，故决定证知必有实我，彼又作如是思。若无我者，不应于一切心法、色法、不相应法中，先起思觉，方得有所造作。如我以眼当见诸色，正见诸色，已见诸色，或复起心，我不当见，如是等用，皆由我相为其前导。又于善业、不善业、无记业等，或当造作，或当止息，亦由思觉为先，方得作用。非彼五知五作等根，能使如是；又非依于五知等根之识，能使如是；亦非意识界中心所有法，若触若作意，若受若想等位，能使如是。要必有思，始能造作种种事业。思者云何？即所谓我。是故必有实我，其理极成。今当转诘之曰：如公所说，为即于所见事起有情想耶？为异于所见事起有情想耶？若即于所见事起有情想者，公不应言即于形色等事，计有有情、计有我者是颠倒想；若异于所见事起有情想者，我有形量，不应道理。复有胜者、劣者，或有支那人、日本人、印度人等，或有愚者、智者、善人、恶人，或有能见境界、能取境界等事，不应道理。所以者何？我非形色，亦非领受，亦非名号，亦非作业，亦非心识，不应与彼五蕴和合而称为我。若不和合，所谓我者，毕竟何在？又如公等所说我想，为惟由此法自体起此想耶？为亦由余体起此想耶？若惟由此法自体起此想者，即于所见而起我想，不应说此为颠倒想；若亦由余体起此想者，是则甲等境界，反是乙等境界想之正因，不应道理。又如公意，于无情中作有情想，于有情中作无情想，于甲有情中作乙有情想，此想为起为不起耶？若起者，是则无情即是有情，有情即是无情，此甲有情即是彼乙有情，不应道理。若不起者，世间见有见石而认为虎，见绳而认为蛇者，亦有见彼决明、蜃蛤等物，而认为石子者，亦有见孔子而认为阳货者。公言此想不起，即是遮拨现量，不应道理。又如公意，此有情想，为取现量义，为取比量义耶？若取现量义者，惟形色、领受、名号、作业、心识五事，是现量得，而我非现量得，不应道理。若取比量义者，如彼婴儿未能思度，何缘率尔而起我想？又今复有欲征诘者，世间造作事业，为以思为本因，为以我为本因？若以思为本因者，但是思作，而非我作；若以我为本因者，我既常住，不应更待思觉方能造作；若谓思在故我在，思即是我者，是则无思之时即无有我，不应道理。又如公意，造作事业之本因，为常为无常耶？若无常者，此造作事业之本因，体是变异，而言我无变异，不应道理。若是常者，即无变异，既无变异，即不得有所造作，而言有所造作，不应道理。又如公意，为有动作之我有所作耶？为无动作之我有所作耶？若有动作之我能有所作者，我既是常，动即常动，作亦常作，不应有时不作，有时而作；若无动作之我有所作者，无动作性而有所作，不应道理。又如公意，为有因故我有所作，为无因耶？若有因者，此我应由余因策发，方有所作，是则于我之上复立一我，不应道理。若无因者，应一切时作一切事，不应道理。又如公意，此我为依自故能有所作，为依他故能有所作？若依自者，此我既常，而自作生灭、病苦、杂染等事，不应道理。若依他者，我有所依，则已失其我性，既非绝对，而能常住，不应道理。

又如公意，为即于形色、领受、名号、作业、心识五蕴施说有我，为于五蕴之中施设有我？为于五蕴之外复指余处施设有我，为不属于此五蕴施设有我耶？若即于五蕴施设我者，是我与五蕴无有差别，而计有我谛实常住，不应道理。若于五蕴中者，此我为常为无常耶？若是常者，常住之我，为诸苦乐之所损益，不应道理。若无损益，而起染净诸业，不应道理。若不起染净诸业者，应此五蕴毕竟不起，又应不由功用，我常解脱；若无常者，离此五蕴之外，何处得有生住异灭、相续流转诸法，又于此灭坏后，于他处不作而得有大过失，亦不应理。若于五蕴之外，复指余处者，公所计我，应是无为，不应道理。若不属于此五蕴者，我一切时应无染污，又我与身不应相属，此不应理。又如公意，所计之我，为即见者相，为离见者相？若即见者相者，为即于见假立此见者相，为离于见别立此见者相？若即于见假立此见者相，是则见者与见，应无分别，而立我为见者，不应道理。若离于见，别立此见者相，即彼见法，为是我所造成之业，为是我所执持之器？若是我所造成之业者，假令我如种子，而见如干茎华叶，种子既是无常，我亦应是无常；假令我如陶师，而见如砖瓦瓶瓯，陶师之名本是假立，我亦应是假立，而言此我是常是实，不应道理。假令我如木人，中有机关，而见如歌舞等事，机关木人，亦是无常假立，此亦如前，不应道理。假令我如大地，而见如动植等物，大地亦有成亏灭坏，不应见为常住，又所计我，无如大地显了作业，故不应理。何以故？现见大地所作业用显了可得，谓持万物令有依止，我无是业显了可得故。假令我如虚空，而见如一切色相，彼虚空者，本非实有，惟于色相不在之处，而假立为虚空，是则见是实有，我是假立，而计我为谛实，不应道理。又彼虚空，虽是假有，然有业用分明可得，谓因有虚空故，一切万物得起往来屈伸等业，而我望于见，不能有此业用，是故以见为我所造成之业，不应道理。若是我所执持之器者，假令此见，如彼钩刀，有刈禾用，而离于钩刀之外，余物非无能断业用，今离此见，更无余物有瞭视用，不应道理。假令此见如彼炽火，有烧物用，现见世间诸火，虽无用火之人，而火自能烧物，以火例见，虽无用见之我，而见亦能了物，复计有我，不应道理。若离于见，别立此见者相，则所计我相，乖一切量，不应道理。又公所计之我，为与染净相应而有染净，为不与染净相应而有染净耶？若与染净相应而有染净者，如彼湖水，有时点污，有时清洁，即彼湖水，虽无有我，而说有染净相应，如于外物，内身亦尔，虽无有我，染净义成，是故计我，不应道理。若不与染净相应，而有染净者，离染净相，我有染净，不应道理。又公所计之我，为与流转相相应而有流转止息，为不与流转相相应而有流转止息耶？若与流转相相应而有流转止息者，世间现有五种流转相可得：一曰有因，二曰可生，三曰可灭，四曰展转相续生起，五曰有变异，如彼流水、灯焰、车轮等物，有此流转作用，而彼诸物，虽无有我，亦能流转，及能止息，何必于此假设丈夫之身，而横计有我为？若不与彼相相应而有流转止息者，则所计我无流转相，而有流转止息，不应道理。又公所计之我，为由境界所生苦乐，及彼思业烦恼诸行之所变异说，为受者作者及解脱者，为不由彼变异说为受者等耶？若由彼变异者，是即诸行是受者作者及解脱者，何须设我？设是我者，我应无常，不应道理。若不由彼变异者，我无变异，而是受者作者及解脱者，不应道理。又如公意，为惟于我说为作者，为亦于余法说为作者？若惟于我，何故根识不具，即不能作？若亦于余法，是即说根识为作者，徒分别我，不应道理。又如公意，为惟因我而建立我，为亦因余法而建立我？若惟因我，世间不应于假说丈夫之身，而立农牧工商等号；若亦因余法者，是则惟于种种行相假说有我，何须更执别有我为？何以故？诸世间人，惟于假说丈夫之身，起有情想，立有情名，及说自他有差别故。又如公意，计我之见，为善为不善耶？若是善者，何故极愚痴人，深起我见，不由方便，率尔而起，能令众生怖畏解脱，又能增长诸恶过失，不应道理。若不善者，不应说正及非颠倒，若是邪倒，所计之我体是实有，不应道理。又如公意，无我之见，为善为不善耶？若言是善，于彼常住实有我上，见无有我，而是善性非颠倒计，不应道理。若言不善，而此无我之见，要由精勤方便方能生起，宣说无我，能令众生不怖解脱，如实对治一切过恶，不应道理。又如公意，为即我性自计有我，为由我见耶？若即我性自计有我者，应一切时无无我想；若由我见者，虽无实我，由我见力故，于诸行中妄谓有我，是故定计实有我者，不应道理。如是，不觉为先而起我想故，思觉为先方有造作故，于五蕴中假施设故，由于彼相安立为有故，建立杂染及清净故，建立流转及止息故，假立受者作者解脱者故，施设有作者故，施设言说故，施设见故，计有实我，皆不应理。

如上所说，遍计所执之我，业已瓦解。虽然，人莫不有我见，此不待邪执而后得之。则所谓依他起之我者，虽是幻有，要必依于真相。譬如长虹，虽非实物，亦必依于日光水气而后见形。此日光水气是真，此虹是幻。所谓我者，亦复如是。昔人惟以五蕴为真，仍堕法执，又况五蕴各分，别自成聚，岂无一物以统辖之者？故自阿赖耶识建立以后，乃知我相所依，即此根本藏识。此识含藏万有，一切见相，皆属此识枝条，而未尝自指为我。于是与此阿赖耶识展转为缘者，名为意根，亦名为末那识。念念执此阿赖耶识以为自我，此不必有多证据，即以人之自杀者观之，亦可知已。夫自杀者，或以感受痛苦，迫不欲生，而其所以趋死者，亦谓欲解我之痛苦耳。假使其人执着形体以为我，则其所以救我者，乃适为自亡其我之道，此人情所必无也。然则自杀者之居心，必不以形体为我，而别有所谓我者，断可知矣！阿赖耶识之名，虽非人所尽知，而执此阿赖耶识之相即以为我者，则为人所尽有。自杀者所执之我，亦即此阿赖耶识耳。上之至于学者，希腊有斯多牙派哲学，印度有投灰坠岩各种外道，皆以自杀为极。其意亦谓我为世界所缚，以致一切举动皆不自由，故惟自杀以求解脱，然后成为完全自由之我。若执此形体为我者，则欲使我脱世界之缚，而其我亦已无存，彼辈处心，亦必不尔。明其所谓我者，亦此幻形为我之阿赖耶识而已。此方古志，本有克己复礼为仁之说。儒者优柔，故孔子专以循礼解之。推其本意，实未止此。《传》曰："克者何？能也。何能也？能杀也。"是则克己云者，谓能杀己云尔。仓颉作字，我字从𢦏，𢦏即古文杀字。推此，而克己之训，豁然著明。夫使执此形体以为我，礼云仁云，皆依我起，我既消灭，而何礼与仁之云云。故知其所谓我者，亦即阿赖耶识。彼虽不了此识，而未尝不知识所幻变之我。其意固云：仁者我之实性，形体虽亡，而我不亡，故仁得依之而起。此数子者，或以求解忧愁而死，或以求脱尘网而死，或以求证实性而死。自无我之说观之，则前一为痴，后二为慢。然我之不在根身，与我之不在名色，则借此可以证知。如是阿赖耶识幻作我相之义，乃人人可晓矣。难者曰：现见世间自杀之事恒少，而营生卒岁者多。毁伤一体，残破寸肌，则无不宛转顾惜者。而谓世人不执形体为我，无乃以少数蔽多数耶？答曰：知我与我所之说，则斯疑易破矣。自八识六根，以至一毛一孔，属于内界者，假说为我；自眷属衣食金钱田园，以至一切可以摄取受用之物，属于外界者，说为我所。而我与我所，又非一成不变也。若由外界以望内界，则外界为我所，而内界惟称为我；若由内界以望最内之界，则根识形体亦为我所，而惟阿赖耶识可称为我。除少数自杀之人，其余营生卒岁者，凡摄取受用之物，偶有损伤，犹悲悼不能自已，而况内界之根识形体乎？彼以摄取受用之我所，胶着于我而不能舍，损及我所，即无异损及于我。如人以木紧某其身，铁椎击木，身亦随痛，此所以宛转顾惜也。人亦有言：百骸调适，忽忘我身。四肢弦缓，摄养乖方，微加针艾，即知有我。是故安闲鲜忧之日，我与我所，殽杂难分；必至自杀，而后见此阿赖耶识，幻技所成单纯之我，此无所致疑者也。难者曰：人之爱我所也，恒不如其爱我，而悲愤自杀者，多由我所被损而为之，非由我自被损而为之。又世人之于我所，亦有不爱直接于我之妙欲，而惟爱间接于我之金钱者，此又何也？答曰：此正见其爱我，非爱我所也。若我所与我绝不相附，则不成我所之名。如北极之海冰，于我何与？言我所者，则既有摄取受用矣。所摄取受用者为我所，能摄取受用者为我，能、所互纽，结不可解，久之而丧其所者，亦即自病其能。故世之悲愤自杀者，非以丧所而为之，正以病能而为之也。若夫同此我所，而其中复有疏远邻近之分。如五妙欲可直接者，则为邻近我所；如彼金钱但间接者，则为疏远我所。人何以有爱著疏远而舍弃邻近者？则亦以爱我之故。观世之悭夫，率以艰难无逸而致富厚，则不肯恣用金钱以易妙欲；若夫膏粱之子，生而多金，乘坚策肥，自快其意，则亦不欲遏绝妙欲以聚金钱。所以者何？前之得富以劳力，而后之得富则不以劳力故。但就我所言之，则金钱为疏远，妙欲为邻近；而以劳力较之妙欲，则劳力尤为邻近。妙欲自外至，为境界受；劳力自内发，为自性受。人必不以邻近易疏远，亦必不以自性易境界。故悭夫之弃彼而爱此者，非不辨我所之亲疏，正其爱我之至耳。昔魏征论梁武帝云：夫人之大欲，在乎饮食男女，至于轩冕殿堂，非有切身之急。高祖屏除嗜欲，眷恋轩冕，得其所难，而滞于所易，可谓神有所不达，智有所不通矣。由今论之，则亦易解。梁武之于轩冕殿堂也，以劳力而得之；而其于饮食男女也，则不以劳力而得之。弃彼则如敝屣，守此则如金城。由自爱我之劳力，而不暇辨我所之邻近疏远也，奚足怪乎？非独如是，虽父母之爱其子也，亦其爱我之深，非专以子为我所而爱之也。夫人类既同情而肖貌，何以自爱其儿，甚于邻之赤子？若云少小相依，其情最昵者，此亦一增上缘。乃何以兄弟之相爱也，必不如父母之于其子，而父之于子也，又不如母之矜怜独甚者？凡诸兄弟，不必以劳力而得之，父之于子，以劳力而得之，母之于子，则复以种种痛苦之劳力而得之。以其爱我之深，而我能之被于我所者，亦以是甚爱之也。母之得子也以劳力，而子之得母也非劳力。故世间之慈母恒多，而孝子恒少者，亦以是故。然则能证无我，而世间始有平等之大慈矣。

若如上说，我为幻有，而阿赖耶识为真。即此阿赖耶识，亦名为如来藏。特以清净杂染之分，异其名相。据实言之，正犹金与指环，两无差别，而又不可与世俗言灵魂者，并为一谈。灵魂为东西所共许，原其本义，特蠢尔呼吸之名。婆罗门之阿德门，亦即指此。其与阿赖耶识之异相，亦近人所能言。至阿赖耶识为情界、器界之本，非局限于一人，后由末那执着，乃成我相。而灵魂乃个人所独有，此其分齐绝殊，不得无辨。若阿赖耶识局在体中，则虽以百千妙语，成立无我，不过言词之异同，而实已暗认有我矣。若夫释尊既立无我，而又成立轮回。近世黎斯迭韦氏以为二者互触，故不得不说羯磨缘生以为调和之术。姉崎正治亦宗其说，此实浅于解义者方无我之与轮回，非特不互相抵触，而适足以相成。所以者何？恒常之谓我，坚住之谓我，不可变坏之谓我。若其有我，则必不流转以就轮回。故涅槃之说，惟佛有常乐我净。正惟无我，乃轮回于六趣耳。若不解我之名义，非特无我与轮回相触，即无我与羯磨，亦不得不云自相违戾。所以者何？一切行业，由我而起，我既实无，彼羯磨亦何所依止。纵说十二缘生，而与所缘相对者，不可无此能缘。如猨狙缘树，蜗牛缘壁，树与壁者，为其所缘，然不得无猨狙、蜗牛为其能缘之体。若无我者，则缘生亦不可成。虽说因果，而果待于因，因复待因，展转相推，亦有无穷之过。惟知内典所遮之我，与寻常言我有殊，然后知无我者，即轮回之正因，初不待建立余法，以补苴其缺也。若依他起之我，则为常人所共喻者，我非妙有，故不同于圆成，我非断无，故不同于遍计。遍计所执之我，本是绝无，与空华、石女儿同例。依他起之我，则非无量方便，不能摧其种子。无性论师《摄论释》曰：于此正法中信解无我者，虽恒厌逆分别我见，然有俱生我见随缚，此于何处，谓彼但于阿赖耶识率尔闻声，便执内我，惊畏生故。由此证知，俱生我见亦有次第增长：一者我相；二者我名；三者后起氏族名字代表我者。而氏族名字既起于我相我名上，复生一增益执。如有人名徐长卿，若于梦中闻呼徐长卿声，即易惊觉，非闻呼王不留行声，而易惊觉。若于觉时，闻说徐长卿声，即易审谛，非闻说王不留行声，而易审谛。然试取此徐长卿字一一剖析，于字体中，于音声中，于义理中，何处有我？何处得与我相相应？又试取彼王不留行字剖析如前，何处有他人之我？何处得与他人之我相相应？然而惊觉审谛，彼此有殊，虽仲尼、墨翟辈倡说无我，于此犹与常人不异。则知依他起之我，其难破为最甚矣。必依他起之我相，断灭无余，而圆成实自性赫然显现。当尔所时，始可说有无我之我。先师尝著此说于《显扬论·成空品》云：空性无有二相，一非有相，二我无故。人我，法我。二非无相，二无我有故。何以故？此二我无，即是二无我有；此二无我有，即是二我无故。案自来执着有无者，不出四句：一有句，二无句，三非有非无句，四亦有亦无句。惟此能远离四过。其句云何？曰无而有。

姊崎正治(1873—1949)，日本宗教学的先驱，在文艺批评方面也享有盛名。他早年钻研印度古代思想，后来对日莲宗、基督教均有广泛研究，撰有《印度宗教史》《比较宗教学》《宗教学概论》等著作。1900—1910 年间，日本社会出现宗教思潮高涨的局面，姊崎正治即是重要代表人物。学者彭春凌认为，"章太炎在 1906 年流亡日本时不但推崇佛教，而且对信仰'怪力乱神'的民间宗教采取宽容态度。历史传统、革命需要，以及日本宗教学家姊崎正治宗教学说的影响，是章太炎思想变化的内外动因。他之所以部分汲取姊崎正治的思想，是因为姊崎宗教论中关于表象主义和'欲求''理想'的认知，汇通了其小学、荀学的知识结构。姊崎关于宗教有强大能量的思想，更契合了太炎反满革命的内心冲动与现实追求。"

余前作《建立宗教论》，内地同志或谓佛书梵语，暗昧难解，不甚适于众生。余复自检，梵语译音之字，大略无几。若阿赖耶之为藏，末那之为染污，奢摩他之为止，此略读书者所共晓，故下笔亦多随意，其余固汉语耳。古德译义，或有参差，悉以奘公为正。法相宗名词深细，固非人人尽晓，有时亦或加注。其可以通俗语相代者，随分增移，颇自矜慎。窃以报章之作，普示国民，震旦虽衰，硕学肤敏之士，犹不遽绝。一二名词，岂遂为其障碍？若欲取谐时俗，则非独内典为然，即他书亦多难解者。苟取便宜，失其本义，所不为也。如日本村上专精欲改因明之喻体、喻依，为理喻、事喻，较诸原文，殊易了解。不知喻体本非是喻，今以理喻为名，翻其反矣。至所以提倡佛学者，则自有说。民德衰颓，于今为甚，姬、孔遗言，无复挽回之力，即理学亦不足以持世。且学说日新，智能增长，而主张竞争者，流入害为正法论；主张功利者，流入顺世外道论。恶慧既深，道德日败。矫弊者，乃憬然于宗教之不可泯绝。而崇拜天神，既近卑鄙；归依净土，亦非丈夫干志之事。《十住毗婆沙论》既言之。至欲步趋东土，使比丘纳妇食肉，戒行既亡，尚何足为轨范乎？自非法相之理，华严之行，必不能制恶见而清污俗。若夫《春秋》遗训，颜、戴绪言，于社会制裁则有力，以言道德，则才足以相辅。使无大乘以为维纲，则《春秋》亦《摩挐法典》，颜、戴亦顺世外道也。拳拳之心，独在此耳！至如谭氏《仁学》之说，拉杂失伦，有同梦呓，则非所敢闻矣。

（载于《民报》第11号，1906年；收入《章太炎全集（八）·太炎文录初编》，第441—453页）

大乘佛教缘起考

大小乘教，自龙树、提婆、无著、世亲时，既有争论。凡小乘师，皆以大乘为非佛说。而近人更演其义，则以南方佛教，悉用波黎文字，惟北方则用梵文。用波黎者，近摩揭陀国语言，是阿输迦王时所集；用梵文者，为印度全国正书，是迦腻色迦王时所集。阿王在前，迦王在后。而锡兰佛典，小乘皆用波黎，至北方所传大乘，则无一用波黎语者。故以大乘在后，小乘在前。其为佛说以否，就此决定。然案迦王在时，惟有五百罗汉造《毗婆沙论》之事，未尝结集大乘。据《世亲传》，真谛译。则马鸣亦参与造论者。马鸣中年以后，常在迦湿弥罗之地。而提倡大乘与结集《婆沙》，固非同事，未可牵合为一。且梵文、波黎文，迻书虽有先后，至迦叶、阿难、优波厘等，初集小乘，所用何文，本不可晓。佛语固非必是梵文，亦非必是波黎。所以者何？佛教本平民宗教，与婆罗门异撰，应化五天，所至说法，自必用其方俗。试举一例，则《出曜经》第二十三云：昔佛世尊与四天王说法，二人解中国之语，二人不解。二人不解者，与说昙密罗国语，宣畅四谛，虽说昙密罗国语，一人解，一人不解。所不解者，复与说弥黎车语。时四天王皆达四谛。其言四天王者，虽近神话，而世尊说法，不用一方之语，于斯可见。《大毗婆沙论》七十九引毗奈耶说，略同《出曜》。且设问答决了其事云：问，如有颂言，佛以一音演说法，众生随类各得解，皆谓世尊同其语，独为我说种种义。一音者，谓梵音。若至那人来在会坐，谓佛为说至那音义；如是砾迦叶筏、那达剌陀、末暶婆伕、沙睹货罗、博喝罗等人，来在会坐，各各谓佛独为我说自国音义。如何可说，佛以圣语，说四圣谛，不令一切所化有情，皆得领解？答，有所化者，依佛不变形言而得受化；有所化者，依佛转变形言而得受化。依佛不变形言得受化者，若变形言而为说法，彼不能解。如说佛在摩揭陀国，为度池坚，步行十二踰缮那故，七万众生，皆得见谛，彼皆依佛不变形言而得受化。若变形言为说法者，彼诸众生应不见谛。依佛转变形言得受化者，若不变形言而为说法，彼不能解。是故世尊作三种语，为四天王说四圣谛。复有说者，世尊虽有自在神力，而于境界不能改越，如不能令耳见诸色，眼闻声等。问，若尔，前颂当云何通？答，不必须通，非三藏故。诸赞佛颂，言多过实。复次，如来言音遍诸声境，随所欲语，皆能作之。谓佛若作至那国语，胜在至那中华生者；乃至若作博喝罗语，胜在彼国中都生者。以佛言音遍诸声境故。彼伽佗作如是说。复次，佛语轻利，速疾回转，虽种种语，而谓一时，谓佛若作至那语已，无间复作砾迦国语，乃至复作博喝罗语。以速转故，皆谓一时。如旋火轮，非轮轮想，前颂依此，故亦无违。是《婆沙》虽用梵文，而不说佛语纯用梵文，亦不说佛语纯用摩揭陀语。证据较然，无可非间。又《佛本行集经》言，太子说六十四种书，是知本语必非执守梵文，亦非执守波黎。阿难结集，亦必杂用诸文。试举一例，则《根本说一切有部·毗奈耶杂事》第四十云：时阿难陀与诸芯刍在竹林园，有一芯刍而说颂曰："若人寿百岁，不见水白鹤；不如一日生，得见水白鹤。"时阿难陀闻已，告彼芯刍曰："汝所诵者，大师不作是语。然佛世尊作如是说：若人寿百岁，不了于生灭；不如一日生，得了于生灭。"彼闻教已，便告其师。师曰："阿难陀老暗，无力能忆持，出言多忘失，未必可依信！"假令集时只用一种文字，何缘读成讹别？纵令诵者是异方人，闻阿难诃止已，亦应慭服，何因更有疑义？故知杂用诸文，致斯惑乱。今专据南方所逢书者，以为佛语本尔，阿难结集之文本尔，乌足为极成之证据耶？夫大乘现世，后于小乘，此于历史为有明验。然必以为非佛说者，则于小乘经典，亦可反屑相稽。所以者何？阿含亦列阿输迦王名号，此岂佛语固然。昔坚意作《入大乘论》，尝诘小乘家云：此大乘中亦说三乘，即名三藏。如汝意谓非三藏者，汝今但以《增一阿含》《中阿含》《长阿含》《杂阿含》百千等偈以为一藏，毗尼《阿毗昙》二百千偈，名为二藏，尽具修习，名为三藏。若如是说，杂藏《舍头罗经》《胎经》《谏王》《本生》《辟支佛因缘》，如是八万四千法藏，尊者阿难从佛受持者，如是一切皆有非佛语过。又佛未涅槃以前，经典已有结集，如《阿毗达摩法蕴足论》，为目乾连所造，而引《大因缘经》及《教诲颇勒寠那经》。卷十一。即小乘初次结集，亦非止阿难集经、优波厘集律、迦叶集论而已。《西域记》九云：诸学无学数百千人，不预《大迦叶》结集之众。更相谓曰：如来在世，同一师学，法王寂灭，简异我曹，欲报佛恩，当集法藏。于是凡圣咸会，贤智毕萃，复集素咀缆藏、毗奈耶藏、阿毗达摩藏、杂集藏、禁咒藏，别为五藏。凡圣同会，因而谓之大众部。是则《阿含》以外，大众部又有所集可知。此大众部，乃佛弟子，非佛灭百年大天破教以后之大众部也。又今所见《阿含》，亦未具备。据《善见律毗婆沙》第一云：有五阿含，一者《长阿含》，二者《中阿含》，三者《僧育多阿含》，四者《鸯崛多罗阿含》，五者《屈陀伽阿含》。又云：《梵网经》，为初四十四修多罗，悉入《长阿含》；初根牟

罗波利耶二百五十二修多罗，悉入《中阿含》；乌伽多罗、阿婆陀那，
为初七千七百六十二修多罗，悉入《僧述》；多折多、波利耶陀那修
多罗，为初九千五百五十七修多罗，悉入《莺崛多罗》；法句喻、姤
陀那伊谛、佛多伽尼波多、毗摩那早多、涕罗涕利伽陀、本生尼涕婆
波致参毗陀、佛种姓经，若用藏者，破作十四分，悉入《屈陀迦》。
而今中土所译小乘，分计经名，不过三百余种，何有七千、九千之
多？然则《阿含》经典，卷帙猥众，其详虽不可知，必有诸圣弟子所
敷衍者。于小乘诸部中，亦或互相攻击。如《顺正理论》一云：由经
有别，宗义不同。谓有诸部诵七有经，彼对法中建立中有，如是建立
渐见观等。赞学、根本、异门等经，说一切有部中不诵。《抚掌喻》

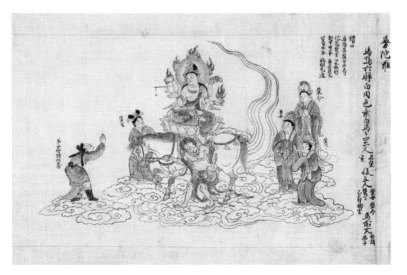

图为绘制于 13 世纪的马鸣菩萨像。 日本人常盘大定（1870—1945）撰《马
鸣菩萨传》，于明治三十八年（1905）由金港堂书店出版。 常盘大定，号榴
邱，生于日本宫城县，佛教研究者，专长于汉传佛教，曾任东京帝国大学
教授

等众多契经，于余部中曾所未诵。然其名句，互有差别。谓有经说汝阿氏多于当来世成等正觉，非黑非白，非黑非白异执业等，无量名句，诸部不同。又《顺正理论》四云：若谓此经非圣所说，违余经故，法处不说无色言故。如舍利子《增十经》中，唯作是言：有十色处。故知此经非入结集。但是对法论师，爱无表色，制造安置《阿笈摩》中。若尔，对法诸师，岂不亦能作如是说：譬喻部师，憎无表色，制造安置《增十经》中。足知小乘虽奉扬佛法，而恢张其义，曼衍其辞者多矣。夫大乘者，亦犹是也。《瑜伽师地论》八十一云：论议者，谓诸经典循环研核磨呾形讹理迦，且如一切了义经，皆名磨呾理迦。谓于是处，世尊自广分别诸法体相，又于是处，诸圣弟子已见谛迹。依自所证，无到分别诸法体相，此亦名为磨呾理迦，亦名阿毗达摩。犹如世间一切书算诗论等，皆有磨呾理迦。当知经中循环研核诸法体相，亦复如是。《法苑义林章》引此云：由此文故传受释云，许佛灭后，十二分中，论议一分，三藏文内，对法一藏，通弟子说。不许余之十一分教并余二藏，通弟子说。是则大乘经典之中，如般若、法相诸宗，皆有循环研核之语。余方等中类此者，亦甚不少。本是佛灭度后，大乘诸师寻理绪言，本隐之显，敷畅其义而为之，非一一出自佛口。此固大乘所不讳者。然则大小乘经，皆本佛语。至于转相推演，二教等无有异。又乌足以相非乎？至于十二部名，古所本有，寻阿毗达摩集《异门足论》，是圣弟子舍利弗所亲造，而云多正法者，谓契经、应诵、记别、讽颂、自说、因缘、譬喻、本事、本生、方广、希法、论议，闻此诸法，故名多闻。卷十四。是舍利弗时，已许有论议经，又言方广，斯非大乘，则何经也？《大毗婆沙论》第一百二十六云：譬喻云何？谓诸经中所说种种众多譬喻，如长譬喻、大譬喻等，如大涅槃持律者说。方广云何？谓诸经中广说种种甚深法义，如五三经、梵网、幻网、五蕴、六处、大因缘等。胁尊者言：此中般若说名方广，事用大故。是胁尊者时，《涅槃》《般若》诸经，已有萌芽，特未经推演耳。至如大小二乘，义有抵牾，不相和会，小斥大为魔说，大以小为钝根。而近人常盘大定作《马鸣菩萨论》，则一一举其同者。其文如左：

一、世人多谓小乘自利，大乘则自利利他。然如舍利弗、目犍连、大迦叶诸圣弟子，助佛宣化，皆有明征，岂专为自利者？

二、或谓大乘说他方佛土，十方诸佛如来，小乘不说。然今求之原始经典，则殊不然。《中阿含·大因经》，亦译《大生义经》。有诸佛根本法、诸佛眼、诸佛归趣之文。《中阿含·因品念处经》，有过去诸如来、未来诸如来、我今现在如来之文。《长阿含》第一，有过去七佛之文。《长阿含》第八《散陀那经》，有诸佛如来之文。《增一阿含·六重品》，有目连往东方七恒河沙土，见奇光如来之文。《增一阿含·马血天子品》，有三乘之文，有将来弥勒佛之文，有过去宝藏如来之文。章炳麟案：《中阿含》第十三《王相应品》说本经亦云：尊者弥勒，向佛白曰：我于未来久远人寿八万岁时，可得成佛。世尊回顾告曰：阿难！汝取金缕织成衣来，我今欲与弥勒比丘云云。又《根本说一切有部·毗奈耶破僧事》第十云：世尊告诸芯刍，汝等应知提婆达多，善根已续于一大劫，生于无隙大地狱中，其罪毕已，后得人身，展转修习，终得证悟。钵剌底迦佛陀，名为具骨，则纯与《法华》提婆授记之说同。《法华》言提婆达多，当得成佛，号曰天王如来。而此谓之具骨，名号不同，又知其不相沿袭。彼文又云：尔时世尊，既具为彼未生怨王广说法要，令无根性，得生起已。是则无性阐提，终得作佛。又与《法华》《涅槃》合如符契。《根本说一切有部·毗奈耶药事》第十二又说：佛记施灯乞女，当成正觉，亦号释迦牟尼如来，胜光王不蒙授记。其十三、十四又说：善财童子，为贤劫菩萨，为求紧那罗女悦意，精勤威力，第一超越，即佛前身。此等并与《法华》《华严》相会。又《根本说一切有部·毗奈耶》第三十五云：舍利子伏卢迦曳多外道论师，邬陀夷，令受圆具，证阿罗汉，诸来大众敬信倍常。时舍利子当机说法，遂令十二亿有情，或证暖、顶忍法，世第一法，或得豫流果，乃至出家获得阿罗汉果。时诸大众，或发声闻心，或发独觉心，或发无上大菩提心。又《根本说一切有部·毗奈耶杂事》十八云：尊者舍利子，从见目连被打之后，心生悲恋，遂婴疾苦，将欲涅槃时，有无量百千众生，悉皆雨集。尊者顺其根性，方便说法，令彼众生，或得暖法，或得顶忍，世间第一。或得豫流，一来不还，或复出家，得应供果，或植无上菩提种子，或植独觉声闻种子。若舍利子是阿罗汉，烦恼已断，云何心生悲恋？若舍利子非菩萨者，已是声闻，岂能令人植无上菩提种子？是则三乘本是一乘，亦同《法华》义矣。

三、或谓大乘说真如法性，小乘不说。然今求之原始经典，则殊不然。《杂阿含》第二十一及四十四，皆有一乘道真如法之文。《增一阿含》第七《火灭品》亦有真如法之文。

四、或谓小乘以涅槃为寂灭，乃是灰身灭志；大乘以涅槃为圆寂，乃是常住安稳。求之原始经典，则殊不然。《阿含》言涅槃，无不说常住安稳。今举其一，则《杂阿含》第二十三：优波堀尊者说偈，有"于有得寂灭，大悲入涅槃，如薪尽火灭，毕竟得常住"之文。

此四者外，如《增一阿含·序品》有菩萨发意趣大乘之文，有六度布施、持戒、忍、精进、禅定、慧力之文。《增一阿含·等趣四谛品》有弥勒菩萨问、世尊、菩萨摩诃萨成就几法，具足檀波罗蜜，具足六波罗蜜之文。《增一阿含·序品》及第四十四《十不善品》，皆有法身之文。《长阿含》第二《游行经》有大乘之文。《杂阿含》第二十八，有我正法律乘、天乘、婆罗门乘、大乘之文。《增一阿含》第十，有大乘行之文。《杂阿含》第二十二，有毗卢遮那之文。皆与大乘相契。

常盘氏举此诸证，谓经典成立，盖有五期。初，大小未分经典成立；次，大小类似经典成立；次，小乘论成立；次，大乘经典成立；次，大乘论成立。而大小类似经典及小乘论，又有出于大乘后者，其义据诚无间然矣。余据有部诸证，明其契当《法华》，又与《华严》相类，是《法华》《华严》二部，亦容原始小乘部僧所传。云《华严》得自龙宫者，印度龙象同名，或得之象窟耳。虽然，《阿含》纵有真如法身诸佛之文，而其辞义幽微，包藏不露。其后小乘诸师，甚多忽略。且生空真如，小乘所信；法空真如，则小乘固无其说。是虽言真如，犹未得为了义。若谓大乘经典，只就数句微文，绅绎而出，有以知其不然也。余谓佛在世时，所宣教旨，非专及罗汉弟子而已。其摧伏外道，使生信心者，经典中常记其事。《阿含》之言，简质蓄藏，论辩未尽，足以教导，而不足以辩诘。《入大乘论》云：十二部中说毗佛略，即是大乘。《汝声闻经》一部所说，终无百千偈赞文句，况复当有亿万广说？如来世尊教诸声闻，唯示无常，令厌生死，便知苦本，速求涅槃。从初如是，乃至奉行，句味鲜少，则无甚探广大之义。诚如斯论，《阿含》所说，不足以折伏外道明矣。又外道中亦多龙象，观马鸣本出家外道，世智聪辩，善通论议，至使比丘不敢打椎。《马鸣菩萨传》。又通《八分毗伽罗论》及《四皮陀六论》，《世亲传》。龙树亦本梵志，能诵四韦陀典各四万偈，及诸道术，无不悉练。《龙树菩萨传》。后此并为大乘宗师。佛在世时，宁无慧了如此辈者？寻佛说《菩萨行方便境界神通变化经》，此求那跋陀罗所译。其菩提留支所译，则作《大萨遮尼乾子所说经》。佛告文殊师利，一切外道上首，皆是住于不可思议解脱，从般若波罗蜜出，游戏方便，亦不舍离念佛法僧，教化众生，到于彼岸，如来受持化众生故。又云：是萨遮善男子，当得作佛，号实意相王如来。彼佛临欲入灭度时，授于大相菩萨记已，后乃灭度。此大相菩萨，当得成于无上正真道，号大庄严如来。是萨遮善男子前坐外道小童子。是知外道诸师，小乘所仇，而大乘非不尊奉之也。又《长阿含·初小缘经》云：佛告婆悉咃，汝今当知，今我弟子，种姓不同，所出各异，于我法中出家修道，若有人问汝谁种姓？当答彼言，我是沙门释种子也。亦可自称我是婆罗门种，亲从口生，从法化生，现得清净，后亦清净。所以者何？大梵名者，即如来号。如来为世间眼，为世间智，为世间法，为世间梵，为世间法轮，为世间甘露，为世间法主。《大乘入楞伽经》第五云：大慧我于娑婆世界，有三阿僧只百千名号。诸凡愚人，虽闻虽说，而不知是如来异名。其中或有知如来者，知无师者，知导师者，知胜导者，知普导者，知是佛者，知牛王者，知梵王者，知毗纽者，知自在者，知是胜者，知迦毗罗者，知真实边者，知无尽者，知瑞相者，知如风者，知如火者，知如俱毗罗者，知如月者，知如日者，知如王者，知如仙者，知戌迦者，知因陀罗者，知明星者，知大力者，知如水者，知无灭者，知无生者，知性空者，知真如者，知是谛者，知实性者，知实际者，知法界者，知涅槃者，知常住者，知平等者，知无二者，知无相者，知寂灭者，知因缘者，知佛性者，知教导者、知解脱者，知道路者，知一切智者，知最胜者，知意成身者。所说梵王毗纽自在因陀罗、迦毗罗等，或为外道所奉天神，或为外道所奉本师，而佛亦得是名。是则佛与外道，互相涉入。是知以外道为名者，所说胜义，若不异佛，即是大菩萨矣。《入大乘论》云：假令魔说，能除惑障，不违正法，虽曰魔说，即是正法，与佛语不异。何以故？如佛所说，法不依于人，是以我今但从正理，不取名字。是则外道上首，所说果与胜义相应，即亦同之内法，此则大乘所见然也。且以优楼频螺迦叶，兄弟舅甥四人事火，所将弟子，凡千二百五十人，自从佛后，弹指即超无学。知外道本不可薄。夫以事火教徒，理解甚短，而实行犹能如彼。彼数论、胜论、明论、声论之徒，义趣甚深，一闻佛语，或以自心慧力，展转向上，则自成地上菩萨。斯无足致疑者。至于耆那一教，尤近佛门。如前所引尼乾子事，既有明征。又据《西域记》三云："僧诃补罗国有白衣外道，本师悟所求理，初说法处，其徒苦行，昼夜精勤，不遑宁息。本师所说之法，多窃佛经之义，随类说法，拟则轨仪。大者为芯刍，小者称沙弥，威仪律行，颇同僧法。唯留少发，加之露形，或有所服，白色为异。"是知二教展转相熏，比之余师，尤为亲切矣。其他复有仙人隐士，不以外道标名，如大迦叶出家先于世尊，惟修杜多功德，不名为佛弟子，亦不名为外道弟子。向令迦叶不入佛门，则始终是佛良友。就此类中，亦必有地上菩萨，不将徒众，不入僧伽者。然诸圣弟子亲见佛者，感恩无二，必不肯以外道隐士为善知识。故阿含虽有是说，而小乘诸师，卒鲜取资于外道隐士者。大乘诸师，所见闳远，则不必专守一家。综观佛在世时，有佛与外道上首对谈者，有外道上首为佛弟子说法者。其佛与外道对谈者，大乘本之，为佛与菩萨对说；其外道为佛弟子说法者，大乘本之，为菩萨与佛弟子说法。然而小乘经中不概见此者，则以诸大比丘从佛披剃，感恩无二，稽首归命，唯一释迦，尚不远及十方诸佛，何论外道？其间如舍利子、目犍连辈，智慧神足，并世无双，即是化身菩萨。而结集小乘之时，二公已寂，微言隐没，职此之由。虽然，外道书中，必有记录，马鸣、龙树，先从外道出家，无著、世亲，亦皆博通坟籍，所见既广，其智复探，则取此而演畅之宜也。不尔，大乘经中，所举弥勒、文殊、普贤、观自在等，除天官说法、入定说法而外，其余《般若》《方等》诸经，多在此土所说，且与诸圣弟子长者居士，亲相问答。若彼诸大菩萨，悉皆大乘妄造，来无所从，去无所至，虚指眇不可识之人，而认为他方菩萨，斯与寓言何异？岂特小乘诸师视为戏论，一切不定根人，亦必无有置信者矣。《中阿含》虽言弥勒比丘，然游行乞食。称为比丘，本婆罗门旧号。则弥勒非佛弟子也。又《智度论》说，弥勒、文殊，将阿难于铁围山间，集大乘三藏，为菩萨藏，此则征实之育，不容恣意妄造。若其奋笔构虚，适足受人指摘，岂以龙树而愚至此！惟一切诸大菩萨，非是外道论师，即是林中隐者，故可以征实耳。此大菩萨，在小乘师视之，或为天爱邪定，在大乘师视之，则为十地大师。由其所见有殊，故其称号亦异。是故小乘之诋大乘，以为魔说，以为空华外道而已。未尝云诸大菩萨，当时实无其人也。至所谓《铁围结集》者，非必躬为述录。良由弥勒、文殊现身为外道论师，所录佛说，或恐词语差讹，令阿难证文耳。当日阿难，亦未必以圣典视此也。然《铁围结集》而外，亦有传在民间，与一二比丘所受持者。如《根本说一切有部·毗奈耶杂事》第四云：

时诸苾刍诵经之时，不闲声韵，随句而说，犹如写枣，置之异器。彼诸外道，讽诵经典，作吟咏声。给孤独长者白世尊：听诸圣众作吟咏声，而诵经典。世尊意许，默然无说。《根本说一切有部·毗奈耶药事》第三云：圆满与商人共入大海，彼诸商人，昼夜常诵《嗢柁南颂》《诸上坐颂》《世罗尼颂》《牟尼之颂》《众义经》等，以妙音声，清朗而诵。圆满问曰：是何言辞？商人报曰：是佛所说。《根本说一切有部·毗奈耶》第四十四云：胜光王宣告国人，不得夜中辄然灯火。长者善与，于其夜中然明灯，读佛教，将置狱内。四天王、帝释、大梵来听妙法。尔时大王，遥见光明。王问长者，仁有大力，今何愿求？长者曰：我愿于夜寻读佛经，唯愿大王，勿禁灯火！王曰：随长者意。乃至余人，亦皆随意。夜中然火，为读佛经，悉免其罪。四十八云：绀容夫人，夜读佛经，复须钞写，告大臣曰："桦皮贝叶，笔墨灯明，此要所须，宜多进入。大臣依教奉进，于桦皮内密安火炭，置在宫门，夜被风吹，火便大发。绀容夫人与五百采女，皆悉投身火聚，同时命陨。"如上四事，则是佛在世时所说，已编成经典，遍行僧俗，事在阿难结集以前。其或数人暂录，非阿难所与知者，又甚多也。《入大乘论》云：佛成道二十年后，方于僧中自言，我年老大，须供给人，若能为我作给，侍者当自言能。尔时，大众和合，即差阿难为佛侍者。阿难便语同梵行人，如来有八万四千法聚，我今悉能受持。唯先二十年中，有二比丘所受持者，皆悉不了。以是义故，当知阿难所受持者，不名多闻，佛所说法中，阿难实有不任器者。如《中阿含》说，释提桓因语郁多罗言，尊者！我得他心智，观阎浮提一切众生，无有尽能受持佛法，唯除尊者，余不能了。以是因缘，当知阿难非悉能持一切佛法。是此种义证，虽小乘师亦言之。《大毗婆沙论》第十六云：曾闻尊者商诺迦衣大阿罗汉，是尊者阿难陀同住弟子。是大德时缚迦亲教授师，彼阿罗汉般涅槃时，即于是日，有七万七千《本生经》，一万《阿毗达摩论》，隐没不见。一论师灭，尚有尔所经论隐没。况从彼后，迄至于今，若百若千诸论师灭，经论随没，数岂可知？是则阿难一人于小乘法必非尽晓，况大乘耶？佛在世时，比丘、商人、善与、绀容所诵，岂无大乘经典？然逮阿难结集小乘之时，唯以一人忆力，口说著录，余诸上坐，唯有证成，初无增益。而彼所受持，昔时已著在贝叶者，或则传之其徒，或则密自藏弄。加以已寂诸师，及商人、居士所传写者，残存贝叶，一切不在阿难结集之中。代异时移，稍稍现世，则大小乘之别行宜也。以此土成事例之，孔父绪言，著在《论语》，而《诗传》《礼记》，旁出者多。乃至庄周、韩非，录其故言，或与儒家绝异。夫外道经中之录佛语，亦犹庄周、韩非之记孔说也。若在纯儒，必不信此为谛实，此为正道，亦犹小乘诸师之见也。然达者则知孔、老一原，与佛初出家时，尝访阿罗、逻郁、陀罗诸仙同例。佛与外道，互有通途，孔与庄、韩，亦非隔绝。故录在彼书者，转可信为胜义。通儒大乘所见，亦相符矣。佛语录入外道书中，及灭度千百年后，忽录入佛经中，犹此土薛据、孙星衍辈，皆去孔子千有余岁，而撝取诸子所载，以为《孔子集语》也。若夫比丘、商人、善与、钳容，先所著录者，其间容有大乘，而小乘师亦未尝屏绝。至如《法华》《涅槃》，虽由后人敷衍，然其原本，必不为小乘所抵排。此则犹《诗传》《礼记》所存孔说而已。详观佛在世时，与外道隐士之属，议论阅多，所说《悉昙》，必有彼此互证之处。今以大乘经论证之，则因明取于足目，即尼夜耶学派。法相名为《瑜伽师地》，虽与瑜伽一派有殊，然《楞伽》已有瑜伽师有几之文。《大乘入楞伽经·集一切法品》。此则提婆以前，已取瑜伽之名。提婆有《释楞伽经论》。《无垢称经》有引发善修《瑜伽师地》之文。《菩萨品》。亦在西历二世纪末。《无垢称经》，吴支谦译作《佛说维摩诘经》。梁《高僧传》言支谦本月支人，汉献末乱，避地于吴。从黄武元年至建兴中，收集众本，译为汉语。是则支谦携经入汉土时，尚在建安之世。费长房《历代三宝纪》有古《维摩诘经》二卷，云临淮清信士严佛调，当灵帝世，在洛阳出。彼所据者，为朱士行《汉录》。朱乃曹魏时人，言必可信。灵帝末年己巳，乃西历一百八十九年。《无垢称经》之结集，又必稍在其前可知。又追求之，则《般若经》已有《胜义瑜伽品》。复追求之，则《大毗婆沙论》作于迦王之世，而其第三卷云：诸瑜伽师于此沦没，见道，拔彼置圣位中。第六卷云：听闻正法者，谓属耳听闻，如理所引，诃毁流转，赞叹还灭，顺瑜伽法。第九卷云：随有经证，或无经证，然决定有缘，一切法非我行相。谓瑜伽师于修观位，起此行相，则小乘亦有此文。此皆与法相大论无关，而独取瑜伽以为禅定之名，则知必不反对瑜伽派矣。以此相证，足明大乘经典，必有取于外道，而佛说亦从彼经转采也。《瑜伽师地论释》云：复有二缘，故说此论，一为如来甘露圣教已隐没者，忆念采集，重开显故；未隐没者，问答决择，倍兴盛故。所谓已隐没者，即是沦入外道书中；所谓忆念采集，即亦由彼外道书中掇取之耳。问曰：若尔，近世所见外道诸经，何因无佛说耶？答曰：外道经典，散亡者多，诸师旧籍，百无二三。方今印度所传，唯吠檀多派，略为完具，然其书已无多余，则存者绝少，何由知其源委？且所谓大乘经典者，非必佛与外道本师对说也。或有智慧绝人，而不作上坐者；亦有屏处深山，而不入教团者。梵志菩提，其数何限？今所见者，只其根本教义之经，宜无大乘可见也。外道根本教义之经，说虽精妙，犹与大乘有殊。当知此大乘者，非即外道，非即二乘，非离外道，非离二乘，非和合外道二乘。直以外道二乘相较，而又有跨居其上者，如是乃为大乘耳。故不可于二乘根本经典求之，亦不可于外道根本经典求之。惟阅览博识如马鸣、龙树、无著、世亲诸公，于别录偈论之中，能知其源委耳。问曰：若尔，云何佛当摧伏外道？云何大乘经论诃斥外道？答曰：凡摧伏、诃斥者，皆其固执根本经典之徒，若乃闻一知十，自在证悟，别录偈论，丛集成篇，则何摧伏、诃斥之有？问曰：大乘教义，世多谓其出大众部，其说信否？答曰：大众部说，近于空观，诚有与《般若》相近者。然推求大乘所起，非出大众，而实由上坐促之。所以者何？如《异部宗轮论》云：大众部说，诸如来语，皆转法轮，佛以一音说一切法。世尊所说，无不如义，佛所说经，皆是了义。说一切有部，及雪山部说，非如来语，皆为转法轮，非佛一音能说一切法。世尊亦有不如义言，佛所说经，非皆了义，佛自说有《不了义经》。说一切有部，即上坐部分宗；雪山部，即上坐部异名。凡大乘所谓圆音一演，异类等解者，则同大众部说，然惟分别了义与不了义。故欲寻求隐没诸书，以得大乘，若执佛说皆是了义如义，则但当墨守《阿含》，而大乘经亦不须结集矣。凡大乘人持诵佛经，皆依义不依文，依法不依人。惟不依文，故《阿含》非所墨守也；惟不依人，故外典亦可采撷也。斯则大乘结集，实由上坐发端。上坐既云佛自说有《不了义经》，则所谓了义经者，必是《法华》《涅槃》之属，又可知也。若大众部，则议论稍殊，而于结集大乘，非有实力。佛身诸论，说者谓其出于大众。然大乘胜义，在先立如来藏识，非在先立法身。藏识是佛之因，法身是佛之果。因既成立，果乃可知。而此藏识之名，本由小乘无我、数论、神我相较而成究竟。《一乘宝性论》第三云：一切外道，执着色等非真实事，以为有我。而彼外道，取着我相，无如是我相，虚妄颠倒，一切时无我。以是义故，说言如来如实知一切法无我，到第一彼岸，而如来无彼我，无我相。何以故？以一切时如实见知，不虚妄故，非颠倒故。此以何义？以即无我名为有我。即无我者，无彼外道虚妄神我；名有我者，如来有彼得自在我。今寻佛在世时，与数论师出入最数。若专立无我者，现见世人皆证有我，而说为无，即有世间相违之过。非建立藏识，其能服数论之心耶？故知如来藏、阿赖耶识诸宗，原惟佛说也。又如胜论建立极微，有地、水、火、风、空、时、方、我、意九种，而佛家小乘，如有部、经部，亦皆建立极微，以说四大。但不说空、时、方、我、意五者，亦有极微耳。若佛说止此，则胜论犹今梨布涅知辈，说心物皆有原子。佛说如理化诸师，说实质方有原子。二者固无以相过也。非建立法空真如，亦何以钳胜论之口耶？故知双破二执，原惟佛说也。又如吠陀之说，以人为梵天所生，《路歌夜多论》说即顺世外道："鹅之白色，鹦鹉绿色，孔雀杂色，皆自然生，我亦如是。"见《金七十论》。佛说既破自然，又破作者，而立因果钩锁之说。然作者易破，自然难破，因果相追，必有无穷之过。若建立一因为始，更无他因者，即与自然说同，非说万法因迷而起复，何以难彼耶？故知三界惟心，原惟佛说也。又《大乘入楞伽经》第六云：路迦耶等诸外道辈，尚有遮禁，不听食肉。《根本说一切有部·毗奈耶破僧事》第十，说提婆达多于其徒众，别立五法。中有一事云：沙门乔答摩，听食鱼肉，我等从今更不应食。何由？缘此于诸众生为断命事。案佛制，声闻本许食三净肉，惟大乘则全遮。若无大乘律者，则佛所制律，犹不如耆那顺世，广有慈悲。

故知断肉功德，原惟佛说也。不然，佛与诸师，往来频数，若议论校轾，各执一端，而戒律又相形见短，何能声震五天，远出诸师之上？以是证之，则大乘本为佛说，其非马鸣、龙树、无著诸师伪作明矣。

问曰：据小乘经律，目犍连、舍利子，皆先佛入涅槃，而《法华经》为佛将入涅槃时说，目连、舍利皆在。又如来灭度，摩诃迦叶七日方知，而《涅槃经》为佛入涅槃时说，乃与迦叶反复问答。迦叶果知佛将灭度，何故舍之远去，待七日后方始闻知。又琉璃王即毗卢释迦，乃波斯匿王之子。波斯匿王，即胜光王。盗位以后，方诛释种。而《首楞严》为波斯匿王在位时说，乃有琉璃诛释，陷入地狱之文。种种事迹，舛谬横生，犹得云大乘本实录乎？答曰：岂不己说大乘本佛绪言，而由后人敷畅其义，故事实往往失真。然即此观之，非特大乘为然，即小乘亦有斯弊。所以者何？《法华》《涅槃》，本通大小乘者。《法华》云：如来但以一佛乘故，为众生说法，无有余乘，若二若三。舍利弗言，我常作念，我等同入法性。云何如来以小乘法而见济度，今日乃知得佛法分。此明是小乘师自相推重语。《涅槃》传本各殊，而法显所译《大般涅槃经》三卷，录在小乘。至昙无忏、慧严所译，乃为足本。而南方波黎三藏，亦有其书。然彼本言佛受纯陀所奉豚肉，则明有食肉之文。经中虽言禁遮食肉，不如楞伽之甚。若非小乘师食三净肉者，必不以佛噉豚肉为言。大乘律中《文殊师利问经》亦云：欲噉肉者，当先说咒。文殊师利白佛言，世尊若得食肉者，《象龟经》《大云经》《指鬘经》《楞伽经》等何故悉断？佛告文殊师利，以众生无慈悲力，怀杀害意，为此因缘，故断食肉。若能不怀害心，大慈悲心，为教化一切众生，故无有过罪，此又特许食肉，与余大乘律不同。盖亦通大小乘者。至《大毗婆沙论》一百十九引《掣迦经》云：昔有释种名掣迦，以畋猎为事，取家所有干湮净肉，调和香味，以奉世尊。尔时世尊告言，止止！诸佛如来不食血肉。是小乘经亦有说佛不食净肉者，要皆特别之文，非常说也。则知《法华》《涅槃》本通大小乘矣。其间事迹舛讹，即是二家同过。如此土秦、汉诸书，述孔、老事亦有差讹，何足怪也！若《首楞严》，则是密部经典。密部犹儒书之谶纬，斯不可与一切大乘同观矣。

（本文原题为《大乘佛教缘起说》，初刊于 1908 年 2 月《民报》第 19 号，收入《太炎文录初编》别录卷三时改为现名。现据《章太炎全集》本收录，见《章太炎全集（八）·太炎文录初编》，第 494—511 页）

大乘起信论辩

　　《起信论》译于真谛，本西印度人。隋时法经所撰《众经目录》，以《起信论》入疑惑部。而《萨婆多记》《南海寄归传》《马鸣菩萨传》《付法藏因缘传》皆不说马鸣造《起信论》。又《续高僧传》云：《起信》一论，文出马鸣。彼土诸僧思承其本，奘乃译唐为梵，通布五天。则唐时印度已无《起信》之书。举此数证，是故疑其伪作。寻法经云：《大乘起信论》一卷，人云真谛译。勘真谛录无此论，故入疑。此但疑其译人，非是疑其本论。且费长房与法经同时，其所撰《历代三宝纪》列《十七地论》五卷，《大乘起信论》一卷。并云大清四年真谛于富春陆元哲宅出，更有《起信论疏》二卷。真谛既历梁、陈二代，梁时所译，或为陈录所遗，故法经因之致惑。今据长房所证，足以破斯疑矣。其后实叉难陀复有新译，则本论非伪，又可证知。盖马鸣久居西北，晚岁著书，或未及流传中印。惟《庄严论经》《佛所行赞》，文体流美，近于诗歌，宜其遍行五竺。《起信论》立如来藏，义既精深，非诗歌比。又迦湿弥罗之地，世为上坐所居，既承迦叶之传于僧众，尤重资格，与大众部绝殊。故其经论亦多缄藏不泄。《世亲传》谓迦旃延子造《发慧论》，令学者不得出罽宾国。《西域记》谓迦腻色迦王缄封《毗婆沙论》于石函，不得出窣堵波。此皆西北风习，严重论文，不易流传之证。则马鸣之《起信论》不入中印，宜也。于阗近北印度，实叉难陀或从师门受学得之，故得有此新

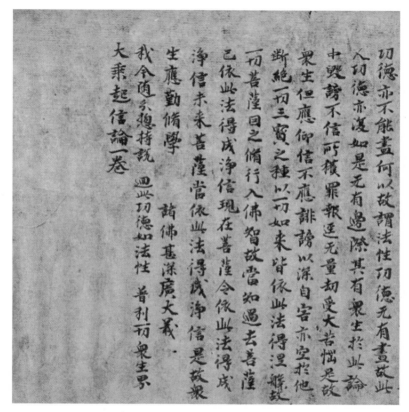

《大乘起信论》，全一卷。 相传为印度马鸣（约 100—105）所作，南朝梁真谛(499—569)译。 此论的作者、译者，从隋唐迄今有存疑的说法。 近代重要佛教学者如太虚大师，及章太炎、唐大圆等，均肯定此论非是伪造。 此图由俄罗斯科学院东方研究所圣彼得堡分所藏

译。而《续高僧传》言，彼土诸僧思承其本，则中印固不以《起信》为伪书也。若谓诸家传记不及此书，则马鸣造《庄严论经》《佛所行赞》，三《传》《付法藏传》《马鸣传》《世亲传》。岂尝言及，亦可以彼为伪耶？《尼乾子问无我义经》，至宋方译，前代未见其书，传记未列其

目。今不信《起信》而信《尼乾》又何其自相矛盾也？若以《起信》一篇与马鸣他著有异，疑其非出一人，此尤可笑。《赖咤和罗之歌》与夫《庄严佛赞》，此并传记、诗歌之作，不甚关于学说。使马鸣所得止此，无过文学之雄，岂得为大乘导师耶？至《十不善业道经》《六趣轮回经》，只以诱化颛愚，所谓人天乘者，尚不足比于小乘，以是窥马鸣，末矣。《大宗地玄文本论》，隋、唐目录所无，必是伪作。纵令信以为实，亦只秘密曼衍之辞，岂有义解可得。至《事师法》《五十颂》，则犹此土《曲礼》《弟子职》辈，非妙解胜义之书也。惟《尼乾子问无我义经》，意稍高远，而语甚简略，未为了义。且无我本小乘旧说，未若《般若》《中观》之探，马鸣有此，亦岂足为大乘法将？然案其文有云：若说无者，云何见见，从因缘生，啼笑等相，或说为有，或说为无，二皆邪妄，非其正理。是纯言无我者，马鸣亦未尝以之为是。此与如来藏说何相背之有乎？且据《付法藏因缘传》云：马鸣计实有我，甚自贡高。则知马鸣初执，本与神我相类，其后学佛必非尽舍故见，正以有我无我相较，而立如来藏缘起之说。若专主无我者，必不能见是义。世人但据《尼乾子问无我义经》，以为与《起信》所言相背。若寻此传计实有我之文，则其疑自解已。此传又云：富那奢言，佛法之中，凡有二谛，若就世谛假名为我，第一义谛皆悉空寂。如是推求，我何可得？尔时马鸣心未调伏，自恃机慧，犹谓己胜。富那语曰：汝谛思惟，无出虚语，我今与汝定为谁胜？于是马鸣即作是念，世谛假名定为非实，第一义谛性复空寂，如斯二谛，皆不可得，既无所有，云何可怀？我于今者定不及彼。是则无我之说，本富那奢之绪论耳。然富那奢不得为大乘师，不得为菩萨大士，而马鸣成就远过其师者，岂非以所见高于无我乎？有我无我，反复研核，而如来藏之说出焉。若无《起信》，马鸣亦何以异于诸罗汉也？或谓自思想系统言之，《起信》必当在龙树后。此亦不然。《般若》《中观》虽多举六识，不甚举阿赖耶识，而阿赖耶识之名，说一切有部《增壹经》中已有之。谓爱阿赖耶，乐阿赖耶，欣阿赖耶，喜阿赖耶。见《成唯识论》卷三所引。又且如来藏名，尊婆须蜜菩萨所集论已有之。云或作是说，如来藏身。卷六。案婆须蜜是佛弟子，远在马鸣之前。马鸣从有部出家，其立阿赖耶识，有所承受，复何多怪！至龙树以后，无著、世亲诸师，能为境空心有之说，诚与《起信》相似。然其名相繁密，则与《起信》绝殊。《起信》以业相、转相、见相、智相、相续相、执取相、计名字相、起业相，分配第八第六二识。与世亲举五遍行境，以配第八，举五别境，以配第六者，名相迥殊。况于起信八种识中，举阿赖耶，而不说末那意根，又未说三性三无性等。若《起信》出于龙树以后，必不简略至此。又提婆是龙树弟子，《起信》果出龙树以后，即与提婆同时，提婆已释《楞伽》，作《起信》者亦应见《楞伽》全帙。《楞伽》有九识三性三无性等，而《起信》名相简练特甚，知其非承《楞伽》，贤首以《起信》与《楞伽》同宗，后人遂谓《起信》为释《楞伽》，此皆武断之说。则必不在龙树后矣。故以思想系统言之，正见《起信》在龙树前，何以云在后耶？若谓自空入有，有必后空。则不知空有二宗，当分南北，而不必分古今。龙树、提婆皆南方之教，马鸣、无著皆北方之教。原其异义，则以上坐大众，据地各殊，故后此所集大乘，亦不离其臭味，此不容以古今相限者也。或谓《起信》卷末，有涉及净土之文，疑其出于龙树以后。无论《净土》诸经，何时结集，今难质言。且《起信》与《十住毗婆沙论》所异者，《起信》但言西方阿弥陀佛，《十住》有十方诸世尊耳。

章太炎篆书七言联 "青紫要塗何足顧，江湖豪氣未全收"

然《起信》云：其心怯弱，当专意念佛。《十住》亦云：若有易行道疾，得至阿惟越致地者，是乃怯弱下劣之言，非是大人志干之说。汝若必欲闻此方便，今当说之。《第五易行品》。此皆以念佛为怯劣之事，而于《十住》复有般舟三昧之说。《第十二助念佛三昧品》。是龙树尝称诩净土，而《起信》未尝视之甚重也。至于或举阿弥陀佛，或举十方世尊，此则方土不同，传说各异。且专举西方者，其语单纯，遍举十方者，其名广大。以繁简之序言之，适可见《起信》在前，《十住》在后。而世人误信西藏之传说，辄以马鸣置龙树后，斯又妄矣！

（收入《章太炎全集（八）·太炎文录初编》，第 511—515 页）

频伽精舍校刊《大藏经》序

《大藏经》八千余卷，译文始汉终元。而东方古德著述附焉。诸经本以《般若》发端，今从晚明旭大师所定，自《华严》始，则日本弘教书院印本也。故书文字参错，主以《丽藏》，记其异同，校条之功备矣。金山宗仰上人，向以禅定，蛰居退闲，愍今之沙门，喜离文字而谈实相。末流猥杂，不自堕于哑羊，则恣意为矫乱论。弟子频伽舍主，承其师意，发愤庀工，重摹是本，经始弗极，弹指而成。虽处末法之中，而群情归慕如此，知正信之未衰也。夫牟尼出世，人天之师。次有马鸣、龙猛、无著三大士，穷幽体玄，发扬胜义，荡荡乎固无得而称焉！教戒不可以发智，故开玄学以导迷；玄学不可以见心，故依静虑以求证；静虑不可以接物，故广万法以应机。或乃次之宗教，云与基督、天方同班；高者亦云，徒为伦理。斯所谓以牛蹏测大海也。夫佛陀者，译言觉；般若者，译言智；瑜伽者，译言相应。本所以趋道者，为断尔炎而证真如，岂真蹩躠以为仁义哉？徒以大悲观佛，斯已浅矣！所证者无境界可言，现身者无自依之性。故云心、佛、众生，三无差别；亦云佛当在心中说法。明以此方老聃之言，则“衣养万物而不为主”。夫何有宗教之封执者乎？明其无主，故小乘、大乘，孰为佛说，可以无争也。明其求证，故六趣升沉之谈，苦乐酬业之事，可以勿语也。余向以三性、三无性，决择东西玄学，诸有凝滞，砉然理解。若夫末世缁衣之林，穷大失居，多远致而违近义。斯由不习五明，疏于文史，其过犹小小耳。观今居士长者之流，始随陆、王，终委蛇以趋佛乘。或有比合景教，而言博爱、大同之趣。不然，则傅合眩人幻术，称以灵智。最下者，惟言酬报，情希福田，语皆非量，意惟大迷。此盖米齐、僧佉之所标落，王辅嗣、何平叔之所不言，况三乘诸大论师乎？大惧正法之衰，不在谤佛，而在昌言宗教，转相隐蔽，障惑愈深，则圆音或几乎息矣！往者经论不宣，学者以寡闻为惧。缩印已成，流通始广，然则密意了义，佛不自言，依义依文，定于比量，闻熏之士，其超然自悟于斯！佛涅槃后二千三百八十七年，震旦白衣章炳麟序。

（收入《章太炎全集（八）太炎文录初编》，第518—519页）

《初步梵文典》序

　　佛典自东汉初有译录，自晋、宋渐彰，犹多皮傅。留支真谛，术语稍密。及唐玄奘、义净诸师，所述始严栗，合其本书。盖定文若斯之难也。宋初，施护、惟净，亦转译大乘经论，无虑数十。宋子京与二师时代相接，顾疑方等、般若诸部，并由此方伪造，其源出于老、庄，诚妄！要之，译述不善，使人疑殆。当汉世，安世高、支娄迦谶等，已译《华严》《宝积》《般若》之篇。支娄迦谶译《兜沙经》一卷，即《华严》中品目。又译《道行般若经》十卷，即《般若》中品目。安世高译《佛说宝积三昧文殊师利菩萨问法身经》一卷，即《宝积》中品目。世谓汉时无译大乘者，其言甚妄，龙藏现存，盍往检之。其人既出安息、月氏，于梵、汉语则两阂。汉朝儒先，经术虽通明，独短哲学。斯笔授者亦拙，名身尚疏，何有于持论？故于全部特抽数卷译之，而其文近于《论语》《孝经》。及晋、宋间，士大夫喜老、庄，言谈始利。老、庄于释典，其术语诚弗能密切，时有相似，则僧肇、道安诸师，又往往傅以清言。然观童受所译《智度》中百十二门《华严》《成实》诸论，其本文固弗取道家。反复征诘，能如其意。疏家或以老、庄相傅，故前有成世英之疑，见《慈恩传》。后有宋子京之惑。然则论次梵文，盖其要哉！夫求大义者，虑弗能离训诂。内典之有《翻译名义》，若儒书有《说文》《尔雅》也。唐人说悉昙者，多至百余家，今皆晦蚀不可见。始湛然著《辅行传》，已多支离。及宋世法云撰《翻译名义集》，讹舛尚众。余每恨奘公不为斯录，而令疏牾者皮傅为之也！广州曼殊比丘既忧之，闻英人马格斯牟逻、围林斯辈，皆有梵语释文，虽简略不能尽大乘义，然于名相切合不凿，乃删次其书，为《初步梵文典》四卷，余亦以为可览观也。私谓内典所论，四无碍解，故非一途。于言音展转训释，总持自在，斯名词无碍解，音义、释文是也；于能诠总持自在，斯名法无碍解，文法、句度是也。往者，震旦所释，多局于文身名身，而句身无专书。欲知梵语，必将寻文法。曼殊比丘既发露头角，幸彀充之，得令成就矣。抑大乘经论，以般若、瑜伽二宗为上，其于外道六师，非直相攻，盖摄取者亦多矣。六师虽偏执，其深细远在柏拉图、亚里士多德上。惟独逸诸哲，庶几胜于其藩。不窥六师之书，不知大乘所以闳远。吾土所译，独僧佉有《金七十论》、鞞世师有《十句义》耳。前者诸师，有优波尼沙陀，后此商羯逻有吠檀多哲学，皆阙不传。大乘孤行，无外道与之校，则辩论废，而义渐微。曼殊比丘既知梵语，异日益进以译诸师之说，得与大乘相夹辅，亦幸自厉，无安肆逐浮名，呬呬而已！章炳麟序。

（收入《章太炎全集（八）·太炎文录初编》，第 519—520 页）

读佛典杂记

亚历斯陀德曰："何故快乐不得连续？"

答曰："人之能力，不能连续行动，而快乐者即行动之结果。行动不能连续，故快乐不能连续也。人之爱快乐，即爱生活。故生活者，行动之一种。"日本森内政昌因之谓人爱活动，非爱快乐。虽然，活动之中兼有苦乐，活动而苦，亦爱之乎？森内未能自明。吾为答曰：凡一切苦，皆因阻碍活动而起，譬如妇人分娩，其苦特甚，而外貌似活动，然儿体扰动，即碍己血气之轮转，是因阻碍活动以生苦痛，故不爱耳。若自由活动不被阻遏，断无告感。故爱活动者，必不爱苦。

天下无纯粹之自由，亦无纯粹之不自由，何以言之？饥则必食，疲则必卧，迫于物理，无可奈何。虽昌言自由者，于此亦不得已，故天下无纯粹之自由也。投灰于道，条狼所遮焉；便利于衢，警察将引焉。有法制在，而不得不率行之，则喜其自由矣。虽然，苟欲自由，任受苛罚，亦何不可？今自愿其自由，而率从于法律，即此自愿，亦不得不谓之自由。故曰天下无纯粹之不自由也。然则虽至住囚奴隶，其自由亦无所失。所以者何？住囚奴隶，人所强迫也，而天下实无强迫之事。苟遇强迫，拒之以死，彼强迫亦无所用。今不愿死，而愿从其强迫，此于死及强迫二事，固任其取舍矣。任取其一而任舍其一，得不谓之自由乎？

　　自利性与社会性，形式则殊，究极则一。离社会性即无自利，离自利性亦无社会。然则满堂饮酒，有一人向隅而泣，则举坐为之不乐，此同类意识也。若问其何以不乐？则必曰悲痛之声刺戟我故，以我被刺戟故而有不乐。斯岂非自利性耶？贡高傲物，视不己若者不比方人，此我慢意识也。若问其何以傲物，则必曰欲使畴辈之中以我为最上故。假而耽志幽栖，则贡高之念亦不然，则名曰傲物，其实非社会性耶？爱子者为社会性，戕人者为自利性。若问爱子者何以爱子，则必曰以子为我所遗体故。亦犹工文字者爱其篇章，善图书者爱其手迹，篇章非即自我，以我所加行故，乃至山鸡之爱其羽，麝父之惜其香，非即当身，但是我所。然则名曰爱子，所爱乃我所遗耳，固亦自利性也。若问戕人者何以戕人，则必曰以被障碍我所欲故。然则非障碍者，固亦不戕，虽障碍者以欲除其障碍之事，而不得不戕其人，所戕者人，所欲戕者在事。是故事无障碍，则同类意识如故。巨盗入门，知主人无若我何，则未有伤害主人者。小盗窃钩，虑主人之格逐，则始有伤害主人者。然则其所谓利，但在得藏，非在伤人，是亦无损于社会性也。

　　（载于《国粹学报》第一年第三号，1905 年 4 月 24 日（光绪三十一年三月二十日）；收入《章太炎全集（十）·太炎文录补编（上）》，第 251—252 页）

与栖庵道人谈佛教

你相不相信天堂地狱呢？

庵说：我相信天堂地狱，而相信其存在，并非说现实地存在。是否现实地存在本在我等考虑之外，我是以此来对照社会形态。社会之善恶苦乐颇有高低之分，由此我把善与乐的顶点当成天堂，恶与苦的顶点作为地狱。因此若以具体的语言来显示这两极，不是可以称为天堂和地狱吗？

章说：是的，大凡人的思维不能不依照比量和现量进行，比量是比较推论，现量是现在的实验。天堂地狱的存在又应依比量的说法以决定其信与不信。然而现在有如飞蛾扑火，南美存在大人种，即使现量也可发见出乎意料之外，但若对现量加以说明，能够观察出此等状态吗？而把须弥山作为佛说可信吗？

庵说：我不信，须弥说的合理与否本与佛教无关。

章说：本来应该如此。佛陀只是把印度的古代传说取来加入自己的说法。若欲以须弥四洲说应用于今日，就能发现这与研究天体星辰界颇有相似之处。总之，比量是总相，现量是别相，总相的精神是佛教自古到今不变的真理，至于别相的解释我想随着社会的进步也必定有所推移与发展。

庵说：诚如贵说，若以智力的进步、学术的精粗而论，今日确实有胜过以前之处，然而即使今日的科学也不曾对现象界完全研究清

栖庵道人，即妻木直良（1873—1934），为日本著名佛学家、道教研究者，尤精净土真宗，编辑有《真宗全书》。 他活跃于日本明治后期佛教界，于1906年出版了《灵魂论》一书，对佛教的轮回说作了哲学和科学性的论述。1911年8月15日，他访问了章太炎，以栖庵道人的笔名撰写了题为《访章太炎》的记事，发表在《日本及日本人》杂志上，而且还附载了章太炎撰写的对其《灵魂论》的书评即《读〈灵魂论〉》一文。 这显示了章炳麟与明治佛教界交流的一个侧面

楚，如天文学、心理学，亦非没有人类智慧难及的地方。西洋的科学又有赖于东洋的古代学说，而佛教的说明，不用说亦不能不伴随着时世之日益进步、科学的发达而有所进步。敢问依照尊著《宗教论》，

以法相宗建设将来的宗教，观此说一一切中时弊，然而法相宗是哲学，是智力的，虽可使智者学者满足，但济度四亿民众却不能不另有其他方法吧！

章：彼等愚民本来一无所有，对给与他们的任何事物都是能接受的。作为佛教的实践方面是十善五戒，或者念诵可称为大善根的佛经也可以。现在我想谈的是能使有识之士折服的宗教，是能说服智者的宗旨。

庵：我能领会尊意。贵国明末曾有耦益那样学德兼备的高僧，他的著作《宗论》在今日亦使日本佛学者赞叹不已。其感化是否现在尚存？

章：作为明末垂示教化的高僧，要数憨山、耦益和莲池。耦益之感化虽不能说不存在，但其广度与深度当不如莲池。大凡清朝人中上者大抵向往华严。试观金陵的杨文会居士就可知道。但好研究学问者，则宁愿倾向法相。如果今日想说服我国人，则要显示佛教比之西洋哲学为优。彼之所谓十二范畴，不就是我法相的不相应行吗？彼之哈特曼（Eduard Hartmann）、叔本华（Arthur Schopenhauer）之盲动盲意，不正是我们的末那识吗？彼之所谓大我，不正是我欲达到阿赖耶识而尚未达到的类似神我之说（数论哲学）吗？

庵：我也以十二范畴解释不相应行，高论不胜同感。我对贵论拟以法相之教义风靡今日哲学界一事表示赞同。不久我将对大著《宗教论》之大旨作一番评论，将其介绍给我国有识之士。云云。

（收入《章太炎全集（十）·太炎文录补编（上）》，第365—366页）

支那内学院缘起

自清之季，佛法不在缁衣，而流入居士长者间。以居士说佛法，得入则视苾刍为盛，不得则无绳格，亦易入于奇衰。是故遵道而行，昔之富郑公、张安道是矣；杂引他宗，迤入左道，今时裨贩言佛者是矣。

余素以先秦经法教，步骤不出孙卿、贾生，中遭忧患，而好治心之言。始窥大乘，终以慈氏、无著为主，每有所说，听者或洒然。晚更括囊，无所宣发，盖不欲助伪者之焰。

友人欧阳竟无尝受业石埭杨居士，独精《瑜伽师地》，所学与余同。尝言："唯识、法相，唐以来并为一宗，其实通局、大小殊焉。"余初惊怪其言，审思释然，谓其识足以独步千祀也。

竟无以佛法垂绝，而己所见深博出恒人上，不欲裹窦韫瑵效师拳者所为，因发愿设支那内学院，以启信解之士。由其道推之，必将异于苾刍颛固之伦，又不得与天磨奇说混殽可知也。世之变也，道术或时盛衰，而皆转趣翔实，诸游谈不根者为人所厌听久矣。自清世士大夫好言朴学，或失则琐，然诡诞私造者渐绝，转益确质，医方、工巧二明于是大著。佛法者可以质言，亦可以滑易谈也。然非质言，无以应今之机，此则唯识、法相为易入。观世质文，固非苾刍所能知，亦非浮华之士所能与也。以竟无之辩才，而行之以其坚苦之志，其庶几足以济变哉！

图上坐者为支那内学院的创建人欧阳渐（1871—1943），江西宜黄县人，字镜湖，后改字竟无，被尊称为竟无先生。他致力于复兴法相唯识学，是现代中国佛教研究的先行者。1918 年，竟无先生与当时的一批著名学者，如陈伯年、梁启超、熊秉三、蔡元培、章太炎等共同发起在金陵刻经处之下筹建支那内学院。其间刊布《支那内学院简章》，后附章太炎此文。1922 年，支那内学院正式创立于南京，欧阳竟无任院长，吕澂任教务长。这是一所说佛、教学、刻经和进行佛教研究的机构，与太虚大师创办的武昌佛学院，成为佛学的两大重镇

若夫挹取玄智，转及萌俗，具体则为文、孔、老、庄，偏得则为横浦、象山、慈湖、阳明之侪，其以修己治人，所补益博，此固居士之所有事，而余颇尝涉其樊柢者也。

民国八年十月，章炳麟记。

（收入《章太炎全集（十）·太炎文录补编（下）》，第 567—568 页）

敬告十方佛弟子启

　　自迦叶腾东流像法，迄今千八百年。由汉至唐，风流乡盛；两宋以降，转益衰微；今日乃有毁坏招提改建学堂之事。窃闻海内白衣长者，提倡僧学，略有数人。以此抵制宰官，宁非利器！然犹有未慊者，法门败坏，不在外缘而在内因。今兹戒律清严、禅观坚定者，诚有其人，而皆僻处茅庵，不遑僧次。自余兰若，惟有金山、高旻、宝华、归元，人无异议。其他刹土，率与城市相连，一近俗居，染污便起。或有裸居茶肆，拈赌骨牌，聚观优戏，钩牵母邑。碎杂小寺，时闻其风。丛林轨范虽存，已多弛缓。不事奢摩静虑，而惟终日安居；不闻说法讲经，而务为人礼忏。嘱累正法，则专计资财（此弊广东最甚。其余虽少，亦不求行证，惟取长于世法而已）。争取缕衣，则横生矛戟。驰情于供养，役形于利衰。为人轻贱，亦已宜矣。复有趋逐炎凉，情钟势耀。诡云护法，须赖人王。相彼染心，实为利己。既无益于正教，而适为人鄙夷。此之狭咎，实由自取。详夫礼忏之法，虽起佛门，要为广说四谛八正道等，令自开悟，岂须广建坛场，聚徒讽诵？昔迦王虐杀安息国人，自知灭后当堕地狱。马鸣菩萨以八地圣僧为之礼忏；但得罪障微薄，尚堕龙身。岂况六通未具，四禅犹阙；唐持梵呗，何补秋毫？此方志公、智者，虽作忏仪，本是菩萨化身，能以圆音利物。若在凡僧，何益之有？云栖广作忏法，蔓延至今，徒误正修，以资利养，流毒沙门，其祸至烈。至于禅宗，本无忏法，而今亦相率崇效，非宜深戒者乎！应赴之说，古未之闻。昔白起为秦将，坑长平降卒四十万，死入地狱。至梁武帝时，致梦于帝，乞所以救拔之方。帝觉，求诸志公。公曰："闻《大藏》中有《水陆仪文》一卷，若得之，如法行持，可以济拔。"于是集天下高僧，建水陆道场七昼夜，凡一切善法所应行者悉行之。一时名僧咸赴其请，应赴之法自此始。昔佛在世时，为法施生，以法教化众生。人间天上，莫不以五时八教次第调停而成熟之。诸弟子亦各分化一方，恢弘其道。迨佛灭度后，阿难等结集三藏流通法宝。至汉明帝时，佛法始入震旦。唐宋以后，渐入浇漓。取为衣食之资，将作贩卖之具。嗟夫！异哉！自既未度，焉能度人？譬如从井救人，二俱陷溺。且施者，与而不取之谓。今我以法与人，人以财与我，是谓贸易，云何称施？况本无法与人，徒资口给耶？纵有虔诚之功，不赎贪求之过。若复苟且将事，以希利养，是谓盗施主物，又谓之负债用；律有明文，呵责非细。不坐铁床、饮洋铜者，无有是处。付法藏者，本以僧众宏多，须入纲纪。在昔双林示灭，迦叶犹在叶波过七日已，乃闻音耗，自念如来曾以裂裟衲衣施我，圣利满足，与佛无异，当护正法（《善见律毗婆沙》第一）。此岂明有付法之文，正以耆年有德，众望所归故也。此土天台一宗，自谓接龙树，而授受相隔，事异亲依。禅宗虽有传灯，然自六祖灭后，已无转付衣钵之事。若计内证，则得法者或如竹林竿蔗，岂必局在一人？若计俗情，则衣钵所留，争端即起，悬丝示戒，著在禅书。然则法藏所归，宜令学徒公选。必若闻修有缺，未妨兼请他僧（惟不可令宰官、居士与闻选事，以所选必深于世法者故）。何取密示传承，致生净讼，营求嗣法，不护讥嫌？若尔者，与俗士应举求官何异？而得称为上人哉！王者护法之事，虽起古初，印度四姓有分，婆罗门夙为贵种，主持宗教，尊为王家。刹利种人，宜多愤嫉。佛以净饭王子，为天人师。帝王归命，本以同气相求，自然翕合。即实而言，为仁由己；出其言善，则千里应之。岂待王者归依，方能弘法？此土传法之初，诚资世主；终由士民崇信，方得流行。唐时虽重羽流，而瞿昙之尊，卒踰老子。三武虽尝灭法，而奕世之后，事得再兴。吾宗若有龙象，彼帝王焉能为损益哉？顷者，日本僧徒咸指板垣退助（日本勋臣，创议废佛法也者）以为佛敌，其实百万痿羊，娶妻

板垣退助（1837—1919），日本明治维新的功臣之一，以自由民权运动主导者著称，也是日本第一个政党自由党的创立者

食肉，深著世法，隳废律仪。纵无板垣，彼僧自当为人轻蔑。不自克责，于人何尤！吾土诸德，犹有戒香。不务勇猛精进，以弘正法，而欲攀援显贵，藉为屏墙，何其左矣？夫世尊制法，"王""贼"并称。周武帝初年信佛，道安说法，令帝席地听之，与设食会餐，帝自辞曰："法师不宜与贼臣同席。"即敕将去（见宣律师《续高僧传》）。此则"王""贼"同言，末世犹知其义。至于法门拜俗，礼所宜绝。远公已来，持之久矣。宋世始有称臣之法，清代遂隆拜帝之仪，斯皆僧众自污，非他能强。及至今日，宰官当前，跪拜惟谨，檀施在目，归命为依。乃至刊《同戒录》者，有戒元、戒魁等名。依附俗科，尤可鄙笑。夫儒俗逸民，尚有不臣天子；白莲邪教，且能睥睨贵游，何意圣教衰微，反出二流之下！近世基督教救世军有布斯者，自称法将，随俗利人，虽小善未圆，而众望斯集。一谒英皇，遂招物议。以彼人天小教，犹当清净自持。岂有无上正觉之宗，而可枉自卑屈？且法之兴废，视乎人材。枉法求存，虽存犹灭。仁者弘教，当视势利如火坑矣。然则佛门戒范，虽有多涂，今者对治之方，宜断三事：一者礼忏，二者付法，三者趋炎。第一断者，无贩法名；第二断者，无净讼名；第三断者，无猥鄙名。能行斯义，庶我薄伽梵教，无泯将来。若欲绍隆佛法，则有自利、利他二门，要之悉以义解为本。欲得义解，必持经论。今者缩板《藏经》，现在日本（全藏只须一百七十余圆）。寺置一函，其费无几（今人多喜往柏林寺奏请《龙藏》，较其所费，三十倍于缩板《藏经》。王家赐藏，无过尘世虚荣，何益佛事？若欲藉为护符，求免封闭，亦不可得。日本缩板印行已二十年，而购求者殊少，固知其意在彼不在此也。思之真堪陨泪）。金陵、扬州亦有流通印本，取携既易，为益弘多。念诸大德，固应计度及此。然以近世度僧，既太率易，有未知文字而具授菩萨戒者（此不得以六祖借口）。是故建立僧学，事为至急。详邬波柁耶之名（译义为亲教师），亦以泛唤"博士"，西方或云"乌社"，此土遂有"和上"之名（见《南海寄归传》三）。是和上者，本以教授经论为事。《慈恩传》述那烂陀寺诸僧，以通经多寡为高下。此则建置精舍，本为学人讲诵之区，若专求止观者，冢间林下，亦得自如，即不烦设寺矣。乃若保持琳宫、坐资寺产，逸居无教，等于惰民。如成都昭觉寺僧，资财百万，厚自营生，卒为宰官掊收。此之执吝，欲何为耶？尔来东南各寺宇，间设学堂，是宜遍及神州以合立寺之义，然助成其事者，多在士人。或乃随逐时趋，不求实用。向闻杭州僧学，乃教英文。夫沙门入校，趣于解经，欲解经者，即须先习汉文为本。晋、唐翻经诸师，多通字学，至今《一切经音义》《止观辅行传》诸书，尚为儒人所宝。经文典则（远过欧、曾、王、苏之文），非先审儒书文义，未易深通。唐以前书，是宜观览。宋以后书，除理学外，无庸涉猎。亦如印度诸僧，必晓吠陀之学。俗人干禄，可以不识汉文；沙门解经，岂得昧于句义？如欲兼明异语，正可讲及梵书，何须遽习英文，虚捐岁月？往者悉昙章义，略记音声。非独"八转"（八转声即八格）、"十罗"（十伽罗声即十时），绝无解说。名词物号，亦不一存。此但持咒之资，无以了知文义。然则名身句身，必应穷了。念昔奘公未出以前，罗什诸师，译语或多影略。是须明习梵文，校其元本。又大、小乘经论，此方所未译者，其籍犹多（据费长房、宣律师所述：菩提留支持来梵经凡万余卷，真谛三藏所携，若尽译出，可得二万余卷。今计全藏所有，并省复重，视梵土才五分之一耳）。今印度佛学虽微，犹有中土所未译者。如能翻录，顾不快耶？又况六师外道，此方所译，惟胜论有《十句义》，数论有《金七十论》，自余诸哲，竟无完书。六师义谛闳深，远在老、庄之上。一遭佛日，爝火失明。不读六师之书，宁知佛教所以高远！且波俪尼仙所陈，乃为字学。尼夜耶宗所说，即是因明。佛家既录其长，岂容芒昧？前者《优波尼沙陀书》，罗甸已尝译录。顾于中土，反阙斯篇，是亦宜为甄述者矣。日本学梵文者，多就英都，直由心失均平，重欧洲而轻印度。若求谛实，何如高蹈五天？径从受学，纵其未暇，亦可礼致明师，来相讲授（印度佛法虽微，而吠檀多教尚盛，其师皆明习梵文。今官立学校，岁费三四千金，以求欧洲教授，尚不能得其佳者。若印度梵师，专授声明、因明之术，求则得之。集合数寺，不忧无赀延请也）。此与学习英文，孰缓孰急，断可识矣。欧洲哲学，习内典者，亦所应知。然比于梵书，犹为当后。然诠慧学，又在德国诸师，无取英人肤浅语也。综此数事，今所急者，惟在汉文；次所急者，斯为梵语；后非急者，乃是欧书。愿诸大德，以大雄无畏之心，倡坚实不浮之学。解经以后，以此自利，则止观易以修持；以此利他，则说法不遭堕负。佛日再晖，庶几可望。又今南土沙门，多游自本，日本诸师，亦欲于支那传教。俗士无知，谓宜取则。详东僧分明经教，实视汉土为优，至于修习禅那，远有不逮。置短取长，未妨互助。若其恣唻有情，喜触不净；家有难陀之天女，人尝帝释之鸽羹，既犯僧残，即难共处。而说者以为时代不同，戒律即难遵守。大乘佛教，事在恢弘。不应牵制律文，介然独善。去岁有月霞禅师自金陵来，即遇多人劝其蓄内，禅师笑而置之。夫毗尼细节，岂特今古有殊，亦乃东西互异。四分十诵，科条繁密，非专习戒律者，容有周疏。若彼大端，无容出入。佛制小乘食三净肉，大乘则一切禁断。至夫室家亲昵，大小俱遮。若犯此者，即与俗人不异。

出家菩萨，临机劝化，他戒许开，独于色欲有禁，当为声闻示仪范故。而云大乘恢弘，何其谬妄！且蔬笋常餐，非难入咽，兼饮乳酪，何损卫生。阴阳交会，复非存生所急。稍习骨观，其欲自净。岂为居必桧巢，食非火化，而云古今有异哉？必也情念炽然，亦可自署居士，何乃妄号比丘，破坏佛法？日餐血肉而说慈悲，不断淫根而言清净。螺音狗行，无过此矣。况其诳语利人，终无实用。徒有附会豪家，佞谀权势。外取兼济之名，内怀贪饕之实；纵有小善，亦市估所能为。何待缁流，曲为挹注？以此显扬佛法，只令门风蹶地，比迹倡优而已。然情欲奔驰，易如流波，彼旬既现，易引垢心。年少学人，血气未定，摩登诱惑，谁能坚住？窃谓自今以后，宜定年过三十者，方许受具足戒，则魔说或当少止乎？某等闻熏未周，方便尚阙；悲正法之将灭，惧邪见之螙人；陈此区区，无补毫末。亦谓应时便用，切要在兹，若十方大德，恕其狂愚，加以采录，挽回末法，或在斯言。若其不尔，便恐智日永沉，佛光乍灭。虽有千百法琳，河恒沙智，实亦无能为役矣。

佛灭度后二千三百八十四年（一九〇七年）

广州比丘曼殊、杭州邬波索迦末底同白

（收入《章太炎全集（十二）·书信集（上）》，第241—247页）

与吴承仕书（三通）

检斋足下：

前日得手书，答如左：

三界九地之说，只言梗概，非能事事密合也。且如鸟兽鳞介昆虫，同号旁生，旁生摄在欲界。而虫类现有单性动物，那落迦趣，六道最下，亦不得比于色界。而苦毒逼身，无有希求淫欲之事。以斯二者为例，金石纵不在色、无色界，何嫌于无欲乎？

金石盖无意识及眼、耳、鼻、舌四识，而阿赖耶、末那及以身识，此三是有，既具业识，即有趣道之分。若分情、器两界，即依此密意说耳。

《杂集论》说眼、耳与鼻，各有二种，云何不立二十一界？今按十八界者，先立六尘，依此以分六根、六识，以对境为主。故两眼、两耳、两鼻不分二界也。彼说一界二所，身得端严，其说不合。来书以"串习既久，孰为端严"驳之，所说诚谛。后引近世进化论说，亦为了当。

十八界中，触境最繁。皮知弹力，筋知重量。乃至入根所触，又与余体不同。然为触尘一也。是故于内只介立身根身识，不复分析言之。当知佛书所说，但是知根。《数论》耿立作根，舌根、男女根、手根、足根、大遗根，为五作根。其业为言、戏、步、执、除。而佛书不说者，此五作用有殊，所对尘境，等是一触，故无分耳。

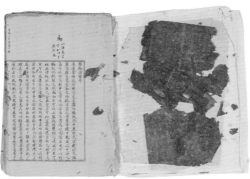

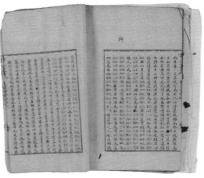

章太炎《齐物论释》手稿。《齐物论释》是章太炎"以佛解庄"的代表作

十八界无可增损，动物有不备者，而未有过于十八界者。就尘境言，更无在色、声、香、味、触、法外者，故内亦不过六根、六识。《齐物论释》亦以外尘内识相对言耳。若为蠃蚌水母说法，其论自异。

佛书经、论，理有不极成者。如《十二门论》说镫不到暗。《楞严经》说食办击鼓，众集撞钟，此声必来阿难耳边，目连迦叶应不俱闻。案镫之传光，以渐而至。但以时分迅速，遂觉光生暗失同在一时耳。钟鼓被击，空气波动，气遍一切，故各各至入耳边。安得言镫不到暗，声不到耳邪？欲成就不和合义，当以一法通之。《世说》："客问乐令指不至者，乐亦不复剖析文句，直以麈尾柄确几，曰：'至不？'客曰：'至。'乐因又举麈尾曰：'若至者，那得去？'"此义通达。凡根识与尘，未尝和合，皆是此例。《楞严》每事为辩，反近支离。

五尘对于五根，皆可言触。五遍行境中触位，即根、境、识三和合也。是五根、五境通为能触，五尘通为所触。佛书本有其义，但以五尘境相不同，故独谓身识所得为触耳。然按触之义，则为业用；触尘之义，则为境相。相用不同，而名言无异，反以滋惑。其实触、尘二名，当改称质、碍始得耳。

章炳麟白（一九一二年）

《法华》《宝积》《宗镜》三种，望更促之。

（收入《章太炎全集（十二）·书信集（上）》，第 402—403 页）

緼斋足下：

昨得明刻《慈湖遗书》，观其论议，能信心矣，故于《孔丛》所称"心之精神是谓圣"一语，无一篇不道及。盖明儒所谓立宗旨者，实始于此。而又以"心本不亡不须存，心本无邪不须正"诋诸儒，此殆有《坛经》风味。其后罗近溪辈，大抵本之。然宋儒不满思、孟，极诋《大学》者，唯慈湖一人。举《孟子》"必有事焉而勿正心"一语以诋《大学》正心之说，此亦佗人所不敢言者。然观其自叙，则仍由反观得入。"少时用此功力，忽见我与天地万物、万事、万理澄然一片，更无象与理之分，更无间断。"此正窥见藏识含藏一切种子恒

吴承仕（1884—1939），字检斋，又作𬯀斋，号展成、济安，安徽歙县人。受业于章太炎，精研经学和音韵训诂及古代名物制度，群经、各史、诸子、佛经、道藏莫不涉及。 与黄侃并称"北吴南黄"两经学大师。 曾在北京大学、中国大学任教。 在北京师范大学国文系任教授、系主任多年

转如瀑流者，而终不能证见无垢真心。明世王学亦多如是。罗达夫称"当极静时，觉吾此心，中虚无物，旁通无穷，有如长空云气流行，无有止极。有如大海鱼龙变化，无有间隔。无内外可指，无动静可分，上下四方，往古来今，浑成一片。所谓无在而无不在。"此亦窥见藏识之明征。然则金溪、余姚一派但是吷檀多哲学耳，于佛法犹隔少许也。其所谓"主宰即流行，流行即主宰"者，王学诸儒大抵称之，而流行即恒转如瀑流，主宰即人我、法我，其执为生生之几者，亦是物也。庄生所谓"以其知得其心"，是派所诣则然。所谓"以其

心得其常心"者，则未有一人也。然以校度横渠、晦庵诸公，则高下悬绝矣。慈湖《绝四记》但谓心不起意，此独知断意识，未知断意根也。意根不断，能空分别我见，不能空俱生我见。阳明所谓良知者，以为知是知非也，此乃即自证分。八识皆有自证。知是知非，则意识之自证分也。又云"良知本无知，本无不知"，则正智之证真如，亦近之矣。是说最为圆满，而阳明实未暇发明。其书中于"生物不息"等语，尚有泥滞，知不住涅槃，而未知不住生死，此其未了之处。

意有意识、意根之异，诸儒未能辨也。独王一庵知"意非心之所发，自心虚灵之中确然有主者，名之曰意"，此为知意根矣。而保此意根，即是不舍我见，此一庵所未喻也。藏识恒转，与意识相续有异，此又诸儒所不辨，独王塘南谓"澄然无念，是谓一念。乃念之至微者，此正所谓生几无一息停。至于念头断续，转换不一，则又是发之标末矣。"此为能知藏识恒转，而保此藏识以为生几，即是不达生空，此塘南所未喻也。王学诸贤，大抵未达一间。以法相宗相格量，则其差自见。仆近欲起学会，大致仍主王学，而为王学更进一步。此非无所见而云然，盖规槼在我矣。

章炳麟白

四月三日（一九一七年）

是书阅后，望与同志研究。如以为是，还请录稿寄回。

（收入《章太炎全集（十二）·书信集（上）》，第407—409页）

縄斋足下：

季刚寄来《国故》月刊，见足下辨王学数条，甚是。大抵远西学者思想精微，而证验绝少。康德、箫宾开尔之流，所论不为不精至，至于心之本体何如，我与物质之有无何如，须冥绝心行，默证而后可得。彼无其术，故不能决言也。陆、王一流，证验为多，而思想粗率。观其所至，有绝不能逮西人者，亦有远过西人者，而于佛法，终未到也。罗念庵称："当极静时，恍然觉吾此心中虚无物，旁通无穷，有如长空，云气流行，无有止极；有如大海，鱼龙变化，无有间隔。无内外可指，无动静可分，上下四方，往古来今，浑成一片。"王塘南称："澄然无念，是谓一念，非无念也，乃念之至微至微者也。此正所谓生生之真几，更无一息之停。"此二说者，非会验心相而能如是乎？然其所验得者，只阿赖耶识而已。所谓流行变化，真几无停，即恒转如瀑流之谓也。真无垢识，罗、王不能验得，故于生几生理，始终执着以为心体。然较诸康德辈绝无实验者，则已远过之矣。王隆吉、刘蕺山谓"意非心之所发，身之主宰谓之心，心之主宰谓之意，心无时不动，妙应元元，必有所以主宰乎其中，而寂然不动者，是为意也"。此已见及意根矣。所谓寂然不动者，即恒审思量之谓，非作实验无由知此。而断绝意根，非王、刘之所解。故隆吉云："圣狂之所以分，只争主宰诚不诚耳。"此乃牢执我见，与绝四之说大异矣。然则王学高材，皆实证七、八两识者，校之洛、闽诸公，迥为确实。惜乎宗旨一异，趋向各殊。梨州所谓儒、释疆界眇若山河者，正坐生理、生机诸说为之障耳。梨州实未见及此。孔子唯绝四，故能证生空、法空，此所以为大圣欤！杨慈湖但以毋意为心不起意，诚令如是，不过如卧轮所谓"能断百思量，对境心不起"者，乃为大鉴所诃矣。（一九一七年）

（收入《章太炎全集（十二）·书信集（上）》，第 413 页）

图书在版编目(CIP)数据

章太炎讲佛学/孟琢,杨文渊编. —上海:上海
人民出版社,2023
(章太炎讲述系列)
ISBN 978-7-208-18267-7

Ⅰ.①章… Ⅱ.①孟… ②杨… Ⅲ.①佛学 Ⅳ.
①B94

中国国家版本馆 CIP 数据核字(2023)第 074271 号

本书为国家社会科学基金重大项目"基于历代训释资源库的中国特色阐释学理论建
构与实践研究"(22&ZD257)、国家社会科学基金冷门绝学研究专项学术团队项目
"中国训诂学的理论总结与现代转型"(20VJXT015)阶段性成果

责任编辑 高笑红
封面设计 赤 徉

章太炎讲述系列

章太炎讲佛学

孟 琢 杨文渊 编

出 版 上海人民出版社
     (201101 上海市闵行区号景路 159 弄 C 座)
发 行 上海人民出版社发行中心
印 刷 浙江新华数码印务有限公司
开 本 889×1194 1/32
印 张 5.5
插 页 2
字 数 121,000
版 次 2023 年 6 月第 1 版
印 次 2023 年 6 月第 1 次印刷
ISBN 978-7-208-18267-7/B·1687
定 价 48.00 元